당신의 스피치를 응원합니다.

______________________드림

제대로 말하라

제대로 말하라

설득 당하지 않고 이기는 대화

제대로 말하라

The Great Speech

이성호 지음

지식인하우스

성공하려면 제대로 말하라

당신은 어떤 삶을 원하는가? "설득하는 삶" "설득 당하는 삶" 실제로 스피치 현장에서 만나게 되는 사람들에게 똑같이 물었던 적이 있다. 대부분의 사람들은 이 질문을 받자마자 "당연히 설득하는 삶이지"라고 답했다. 이어 "현실도 그렇습니까?"라고 답하자, 현실은 "그렇지 못하다"고 답했다. 분명 많은 사람들이 설득하는 삶을 원하지만 현실은 그렇지 못하다. 그러나 분명히 하자. 100명에게 이런 질문을 하면 98명은 설득을 당한다고 답하지만, 2명은 설득을 하는 삶을 산다고 답한다. 즉 극소수의 사람만이 설득하는 삶을 산다는 것이다.

자신의 일상이 설득하는 삶으로 채워진다고 생각해 보자. 직장 동료들과 상사, 가족과 친구들을 모두 설득할 수 있고, 사람들을 모두 자신의 편으로 만들 수 있다면 우리의 인생은 분명 달라질 것이다. 그렇다면 설득하는 삶은 어떻게 꾸려나가야 할까?

영국의 극작가이자 시인인 월리엄 셰익스피어William Shakespeare는 "성공적인 인생을 살려거든 말부터 잘해라"라고 했다. 3천년 전 이집트의 한 묘비에도 이런 말이 적혀 있다. "말에 명인이 되면 지위나 권력은 자연히 따라오게 된다"라고. 현대 경영학의 아버지라 불리는 피터 드러커도 말했다. "21세기는 스피치와 리더십의 시대이다."

그렇다. 정답은 바로 말에 있다. 그러나 말을 잘한다는 의미는 단순히 말만 잘한다는 것은 아니다. 말을 잘한다는 것은 사람들과 소통하고, 공감하는 능력이 뛰어나다는 말이기도 하다. 즉 말이라는 행위를 통해 사람들의 마음을 얻는 능력을 키워야 한다. 사람들과 소통하여 공감을 이끌어 낼 수 있다면 당신은 설득 당하는 삶이 아닌 설득하는 삶을 살 수 있다.

말 잘하는 사람 vs 말 못하는 사람

국민 MC로 손꼽히는 유재석, 강호동의 공통점은 무엇일까? 말을 잘한다는 점이다. 좀 더 정확하게 표현하자면 말을 재미있게 하는 사람이다. 말을 논리적이고 체계적으로 하는 사람도 있다. 백지연, 손석희가 좋은 예이다. 이금희, 임성훈, 오프라 윈프리는 편안하게 말을 하는 사람이다. 유형은 달라도 말 잘하기로 유명한 이들에게는 공통점이 있다. 이들에겐 자신만의 스토리와 이를 유연하게 표현하는 패턴이 있다.

스피치는 단지 입으로만 하는 행위가 아니다. 스피치를 잘하는 사람들을 유심히 보면 패턴이 존재한다. 패턴은 일정한 형태나 유형이나 양식인데 스피치에도 분명히 패턴이 존재한다. 건물을 지을 때도 설계도가 있고 재료가 있고 건물을 지을 수 있는 기술자가 있어야 한다. 그림을 그릴 때도 도화지와 붓, 물감이 있어야 하고 그림 그릴 주제가 있어야 한다. 그리고 그림을 그릴 수 있는 기술이 필요하다. 스피치도 마찬가지다. 제대로 말을 하려면 말의 구성법을 알아야 하고, 핵심 콘텐츠와 화젯거리가 필요하다. 그리고 시선처리, 제스처, 목소리 등 다양한 기술을 갖추고 있어야 신뢰감이 가는 스피치를 구사할 수 있다. 말 잘하는 사람과 말 못하는 사람의 차이점은 의외로 간단하다. 자신의 패턴을 가지고 있느냐, 없느냐가 중요하다.

제대로 말하는 사람들의 비밀 병기, 패턴

아무리 화젯거리, 콘텐츠가 좋아도 목소리의 장단고저가 없으면 재미가 없고 리얼한 느낌이 없을 것이다. 아무리 논리적인 말이라도 적절한 멈춤과 시선처리, 제스처가 동반되지 않으면 자신감과 진솔한 느낌을 못 줄 것이다. 단지 말은 입으로만 하는 것이 아니라고 했다. 말은 기본을 알아야 하고 이를 제대로 활용해야 하는 종합 선물세트와 같다. 말은 쉬우면서도 어렵다. 하지만 방법을 알면 아주 쉬워진다. 쉽게 하려면 패턴을 알아야 한다. 스피치는 그냥 하는 게 아니다. 다양한 기술이 있다. 기술이 문제라면, 기술은 배우면 된다.

자신이 가진 스타일을 자신감 있게 패턴에 맞게 실행하는 순간 변화가 시작된다. 스피치의 기본인 발음과 발성을 제대로 익힌 뒤 콘텐츠 개발, 다양한 스피치 기술을 자신만의 패턴으로 맛있게 만들면 된다.

날이 갈수록 스피치의 중요성은 더 커질 것이다. 이제는 스피치를 피할 수도 멀리할 수도 없다. 그러나 좌절하지 마라. 세상엔 안되는 건 없다. 단지 안 할 뿐이다.

— 스피치를 잘하게 되면 할 수 있는 것들을 떠올려 보자.

스피치를 잘하게 되면
- 인간관계가 좋아진다.
- 많은 사람에게 감동을 준다.
- 경쟁에서 앞서가게 되고 남들을 이끄는 리더가 된다.
- 사람들과 잘 어울리고 인기 있는 사람이 된다.
- 호감을 주고 신뢰감을 준다.
- 사는 것이 재미있고 행복해 진다.

스피치를 제대로 하게 되면 사람의 마음, 행복을 얻을 수 있고 시대의 리더가 될 수 있다. 그러나 이 모든 것을 얻을 수 있는 기회를 선택하는 것은 오로지 당신의 몫이다.

제대로 된 말이 성공을 부른다

Speech Skill 1

자신을 먼저 감동시켜라 017

Speech Skill 6

패턴 스피치, 어떻게 얻을 것인가 127

The Great Speech

1부

제대로 된 말이
성공을 부른다

세상을 움직이려거든 먼저 자기 자신을 움직여라
플라톤

'제대로'의 의미를 살펴보면 '제 격식이나 규격대로, 마음먹은대로, 알맞은 정도로, 본래 상태 그대로'란 뜻을 지닌다. 자리와 격식에 맞게, 마음먹은대로 제대로 말을 하는 것은 어찌 보면 쉽기도 하고 어렵기도 한 일이다. 그러나 분명한 것은 제대로 말을 할 수 있다는 것은 가치 있는 말을 할 수 있다는 말이기도 하다. 또한 그렇게 가치 있는 말을 하게 되면 사람들은 모이게 마련이다. 자신의 주변에 사람들이 모이고, 인정을 받는 순간 우리는 가치 있는 삶을 살 수 있다. 자신의 말을 가치 있게 만드는 일은 제대로 된 말에서 출발한다. 제대로 된 말을 하는 삶은 우리를 곧 가치 있는 삶으로 인도해 준다. 그리고 그것은 인생에 성공을 불러오는 기적이 된다.

자신을 먼저 감동시켜라

빈센트 반 고흐와 파블로 피카소. 자신만의 독창적인 그림으로 전 세계인에게 사랑 받은 예술가이다. 이 예술가의 삶 속에서 우리가 눈여겨봐야 할 점이 있다. 고흐는 그가 죽은 후에야 그의 작품을 인정 받았고, 피카소는 살아생전에 성공을 누렸다. 이 둘의 차이점에 이유가 있을까? 혹자는 이렇게 말한다. "그건 부정이냐 긍정이냐의 문제이다." 고흐는 그림을 그릴 때마다 부정의 말 즉 '나는 부족해. 이 그림들에 대해, 사람들이 나를 어떻게 생각할까? 이 그림이 빵 한 조각의 값어치가 있을까?'라고 생각했지만 피카소는 '이 그림으로 나는 부와 명예를 다 얻을 거야. 나는 꼭 성공하는 화가가 될 거야' 식으로 긍정의 생각과 말을 했다고 한다. 끌어당김의 법칙이 있다. 자신이 무슨 생각을 하고 말을 하느냐에 따라 성공과 실패가 좌우된다는 것이다. 스피치 역시 마찬가지다.

스피치를 하기도 전에 자신을 작게 만들면 절대 안된다. 이제부터 생각을 바꾸자. 스피치는 자신을 힘들게 만드는 게 아니라 자신을 행복하게 만들 수 있는 큰 무기가 되어줄 것이다. 늘 자신에게 싸움을 걸고, 자신을 이겨라! 자신을 이길 수 있는 힘은 긍정적 마인드다. 우리에겐 지금 파블로 피카소와 같은 긍정의 힘이 필요하다. 그럼에도 긍정적 생각에 찬물을 끼얹는 생각과 상황들에 직면하게 되는 것이 현실이다.

말 때문에 손해를 보았다.
말 때문에 실력을 인정 받지 못했다.
말 때문에 오해를 받은 적이 있다.
대중 앞에서 말하는 게 어색하고 두렵다.

한 번이라도 이런 상황에 던져졌다면 이런 생각과 상황을 빠져나갈 수 있는 방법이 필요하다. 스피치는 평생 잘 해야 하는 인생 숙제와도 같다. 그렇지만 지금 당장 스피치를 못한다고 밥을 굶는 건 아니다. 그렇다고 당장 회사에 잘리는 것도 아니다. 하지만 스피치를 잘해야 사람의 마음을 얻고, 나아가 성공을 할 수 있다는 것을 부정하는 사람은 없으리라. 누구나 잘하고 싶은 스피치. 남다른 노력이 필요하다. 스티브 잡스도 단 한 번의 프레젠테이션을 위해 몇 달 동안의 연습과 노력을 쏟았다. 즉 스피치 능력은 하루 아침에 이루어질 수 없다. 철저한 계획과 노력이 필요하다. 무엇보다 자신의 문제점을 찾아 이를 교정해야 한다. 절대 자신에게 지지 말아야 한다.

자신에게 더 엄격해져라

사람은 고로 남에게는 엄격하고, 자신에게는 너그럽기 마련이다. 자신에게 너그러운 삶은 항상 제자리걸음을 걷기 마련이다. 자신의 문제점과 실수에 관대하거나 스스로를 위로한답시고 합리화 시키지 말아야 한다. 우선 자신의 스피치 문제를 철저하게 분석하는 것이 중요하다. 자신의 문제점에 대해 곰곰이 생각함으로써 스스로에게 부족한 스피치에 대해 문제점을 적어보는 노력이 필요한데 이게 바로 생각하기 과정이다. 자신의 문제점을 깊게 생각해 보는 과정을 통해, 문제점을 고치기 위한 끊임없는 노력과 연습이 자신의 스피치 능력을 키울 수 있는 가장 좋은 방법이다. 스피치를 잘하는 방법을 찾기 위한 가장 중요한 과정이 바로 생각하기이다.

　자기 자신을 아는 것이 가장 어렵고 힘들지만, 우리는 이미 자신의 문제점을 잘 알고 있다. 문제점을 고치기 위해 가장 먼저 해야 하는 일은 자신의 문제점을 찾아 나열해 보는 것이다.

자신의 문제점을 알지 못하면 어려운 싸움이 된다. 자신의 문제점을 알게 되면 무엇을 고쳐야 할지 파악이 되므로 잘못된 점들을 바로 잡아나가기가 수월하다. 스피치 때문에 조금이라도 고민이 된다면, 강단 위에 서든, 간단한 대화를 하든 스피치가 끝난 후 자신의 문제점을 바로 체크해 보는 것이 좋다. 스피치 개선의 출발은 천천히 자신의 문제점을 알아가는 과정에 있다. 그것이야말로 스피치 능력을 향상시키는 데 큰 도움이 되는 시발점이 될 것이다.

1년 단위로 계획하라

버킷리스트(죽기 전에 꼭 하고 싶은 것들)라는 영화가 있다. '죽다' 는 의미를 가진 영어의 속어 'Kick the Bucket'에서 유래한 말로, 죽기 전에 반드시 하고 싶은 일을 적는 목록을 의미한다. 갑자기 무슨 버킷리스트 타령이냐고 물어온다면, 이렇게 답하고 싶다. 스피치를 통해 꼭 이루고 싶은 버킷리스트를 작성해 보자. 자신이 스피치를 통해 받은 스트레스를 생각해 보고, 그것들이 해소되었을 때 이루고 싶은 목록을 정리해 보는 것이다.

손자병법에 이런 말이 있다. "싸움을 잘하는 사람은 적을 끌어들이지, 적에게 끌려 다니지 않는다(善戰者 致人而不致於人)." 이제부터 끌려 다닐 것인가, 끌고 다닐 것인가는 오로지 선택의 몫이다. 모든 인간관계형성의 시작점은 말로써 시작된다. 인생에서 가장 잘 해야 하는 것이 바로 말이자 스피치이다.

이제부터 어떤 계획을 세울 수 있을까? 추천하고 싶은 계획은 스피치 능력을 키워 대중들에게 감동을 주는 것이다. 이는 스피치를 통해 삶의 활력소를 만들고 자신에게 새로운 능력을 창출하여 부여하는 중요한 과정이다. 말 한마디 때문에 자신의 실력을 인정받지 못한다면 얼마나 억울한가? 그리고 말 때문에 서로간의 오해를 불러일으켜 회사 생활에 지장을 주면 얼마나 속상한가? 말만 잘하면 얻을 수 있는 많은 것들을 포기할 것인가? 인생의 새로운 플랜인 스피치 버킷리스트를 만들어 새롭게 태어날 수 있다.

스피치를 배우는 과정에서 우리는 착각 속에 빠지는 경우가 종종 있다. "며칠만 공부하면 충분히 될거야"라는 생각. 그러나 이런 생각은 금물이다.

책을 통해 공부해 본다.
인터넷 동영상을 본다.
스터디를 통해 공부한다.
스피치 잘하는 사람에게 물어본다.
스피치 학원을 찾아 단기반을 접수하여 공부한다.

위의 방법들만을 고집한다면 스피치는 그리 쉽게 정복되지 않는다. 쉽게 생각해 영어를 생각해 보자. 영어 공부가 하루 아침에 되던가? 그건 아니다. 기본적인 발음에 대해 공부하고 단어를 암기하고, 문법 공부와 회화까지 단계별 과정을 거쳐야 한다. 스피치도 마찬가지이다.

한 번은 초등학교 선생님이 고민을 가지고 찾아온 적이 있었다. 학생들 앞에서 강의를 하다가 어른들 앞에서 강의를 하려고 하니 두렵다는 고민이었다. 학생들 앞에 설 때는 어렵지 않은데, 어른들 앞에서만 서면 바로 얼굴이 빨개지고, 머리 속이 백지처럼 하얘지고, 표정이 경직된다는 것이다. 이처럼 강단에 서는 사람들 즉, 말을 해야 하는 직업을 가진 사람에게도 스피치 공포가 있다. 원숭이도 나무에서 떨어지는 것처럼 직업적으로 말을 해야 하는 사람들, 또는 말을 잘하는 사람들도 스피치에 대한 두려움이 있다는 말이다.

프레젠테이션 경험이 많은 직장인들도 한두 가지의 당황스런 상황과 직면하곤 학원을 찾는 경우가 종종 있다. 좋지 않은 기억으로 정신적 충격, 트라우마가 생기면 청중들의 시선이 부담스러워지고, 부담은 실수를 부르게 되는 악순환이 된다. 그런 악순환은 점점 스피치를 피하고 싶다는 공포심으로 번져간다.

실제로 이런 상황과 직면한 사람들을 현장에서 자주 만나게 된다. 누구나 한 번은 말 때문에, 스피치를 하면서 안 좋은 경험들을 겪게 마련이다. 그렇다면 이런 증상들이 하루 아침에 고쳐질까? 한 번 생긴 버릇이나 습관들은 100일의 고치려는 노력이 없으면 쉽게 고칠 수 없다. 특히 말은 더하다. 수십 년 생활 속에 고착화가 된 말은 쉽게 고쳐지지 않는다. 그렇다면 어떻게 고칠 수 있을까? 우선 철저한 계획 즉, 스피치 프로젝트가 필요하다.

스피치를 단시간에 고친다는 생각보다 1년 단위로 프로젝트를 기획해서 고치는 것을 추천한다. 1년 동안 꾸준히 자신의 문제점을 찾아 하나하나 교정하고 피드백 하여 자신을 다시 리모델링해야 한다. 스피치를 잘하고 싶은가? 그렇다면 100번의 실패를 해보고 느껴라. 실패를 두려워하지 말아야 한다. 절대 첫 술에 배부를 수는 없다. 꾸준히 내공을 쌓아 강한 담력이 생기면 타고난 말짱도 분명히 말짱이 될 수 있다.

토머스 에디슨이 전구를 만들 때 아무 생각을 안 하고 만들었을까? 토머스 에디슨은 '목표를 생활화하라' 라는 말을 했다. 목표는 사람이 나아갈 방향성을 제시해 준다. 목표가 있는 것과 없는 것의 차이는 크다. 토머스 에디슨도 실패를 생활화했다.

그리고 실패는 또 다른 목표의 시작점이라 했다. 우리가 실패를 실패로만 간주하면 그 실패는 실패로 남을 것이다. 하지만 에디슨의 실패처럼 그 실패를 반복하지 않게끔 노력하면 실패도 성공의 질 좋은 밑거름이 된다.

스피치의 실패는 화자話者를 성공시킨다. 그럼에도 우리는 대부분 실패를 두려워한다. 그 이유는 다른 사람들의 시선을 너무 의식하기 때문이다. 그러다 보니 실패를 무서워하고 두려워하게 되는 것이다. 실패의 경험을 아주 귀하게 생각해야 한다. 즉 다른 사람들을 충족시키는 스피치보다 자신에게 만족을 줄 수 있는 스피치를 해야 한다. 물론 너무 자기 스피치에 빠져 만족을 하는 것도 독이 되지만 다른 사람들의 시선만을 의식하는 것 역시 역효과가 난다. 즉 실패를 했다면 그것을 부끄럽다는 생각으로 끝내지 말고, 실수를 반복하지 않기 위해 노력해야 한다. 추천하고 싶은 방법은 실수담을 모은 실수 노트를 만들어 자신의 실수와 문제점을 정리해 보는 것이다. 큰 단위로는 1년, 작게는 한 달 단위, 한 주 단위, 하루 단위로 쪼개 노트를 정리해야 한다. 그리고 분기별 중간점검을 통해 자신의 부족한 점이 잘 정리되고, 고쳐지고 있는지 꼭 체크해야 한다. 한 번 몸에 밴 습관이 평생 가듯 한번 배운 스피치 능력 역시 오래 지속된다. 첫 목표는 우선 1년 이다. 1년을 철저하게 계획하고 꾸준히 노력한다면 분명 좋은 결실을 맺을 수 있다.

자신을 끊임없이 자극하라

자신의 실력을 아는 자와 그렇지 못한 자의 차이는 엄청나다. 그렇지만 대부분의 사람들은 자신의 문제점을 잘 알지 못한다. 스스로 자신의 스피치 실력을 알아보고 이를 통해 개선점을 찾는 것은 아주 중요하다. 때로는 자신에게 더 혹독해질 필요가 있다. 지금이 바로 그 때이다. 자 이제, 두 눈을 크게 뜨고 자신의 문제점을 날카롭고 적나라하게 찾아보자.

번호	내용	평가점수				
		1	2	3	4	5
1	발표한 경험이 별로 없다.					
2	스피치 시작 시 인사를 깜박하는 경우도 있다.					
3	순간 긴장하면 앞이 깜깜해지고 내용이 생각 안 난다.					
4	말만하면 얼굴이 경직되고 빨개진다.					
5	연단 앞에만 서면 힘이 없고 자세가 안 나온다. (등단, 연단, 하단)					
6	무슨 말을 해야 하는지 전혀 생각이 안 난다.					
7	상황에 맞는 어휘를 사용하는 게 어렵다.					
8	말할 때면 제스처를 쓸 정신이 없다.					
9	말을 할 때 습관적인 어벽을 자주 한다(어, 음, 습 등).					
10	청중들을 보는 게 부담스럽고 전혀 안 보인다.					
11	청중들의 반응에 민감하게 작용한다.					
12	스피치 하다가 짧게 끝나는 경우가 많다.					
13	스피치를 할 때 피하고 싶은 생각이 많이 든다.					
14	스피치를 할 때 메모나 기록해서 한 적이 없다.					
15	서론과 본론 결론을 정확하지 않게 두서없이 말한다.					
16	스피치만 하면 손에 땀이 난다.					
17	자신의 스피치 문제점에 대해 전혀 모른다.					
18	말하는 게 즐겁지 않고 부담스럽다.					
19	급하게 마지막 인사를 하고 들어간다.					
20	발표가 끝나고 어떤 발표를 했는지 기억이 안 난다.					

- **1점** : 매우 그렇다.　　　- **2점** : 약간 그렇다.　　　- **3점** : 보통이다.
- **4점** : 약간 그렇다.　　　- **5점** : 전혀 그렇지 않다.

90점 이상 _ 스피치의 달인 단계형

언제 어디서나 자신감 있게 말을 할 수 있는 유형이다. 그리고 말을 즐기고 재미있어 하며 청중들을 끌어 들일 수 있는 힘이 있는 유형이다. 언제 어디서나 말을 잘하는 당신! 스피치의 달인이라고 말해주고 싶다.

80점~90점 이하 _ 고급 단계형

스피치를 할 때 안정적으로 말을 할 수 있고 상대방을 볼 때 부담을 덜 느끼는 유형이다. 언제 어디서나 자신감을 잃지 않으려고 노력하고 당황하지 않는 유형이다. 적절하게 재치 있는 유머도 사용할 수 있는 유형이다.

60점~80점 이하 _ 중급 단계형

스피치를 할 때 당황하지는 않으나 준비가 부족하면 어려워하기도 한다. 끊임없는 연습을 통해 자신감을 키워 노력을 한다면 충분히 좋은 결과가 있는 유형이다. 준비와 연습이 필요하다. 리모델링형이라고 말해주고 싶다.

50점~60점 이하 _ 초급 단계형

원고 없이는 어려워하는 유형이다. 원고에 의지를 하여 말은 하나 자신이 무슨 말을 하는지도 잘 모르고 청중들에게 부담을 느끼는 유형이다.

자연스럽게 말을 하려고 노력하고 자신감 있게 해보면 좋을 듯하다.

50점 이하 _ 기초 단계형

스피치 자체를 어려워하고 꺼려하는 유형이다. 말하고자 하는 의지가 부족하고 남 앞에서 나서지도 못하는 소심쟁이형이지만 기초를 다시 한 번 잡고 하고자 하는 마음을 갖는 것이 중요하다.

달인 단계라 해서, 기초 단계라 해서 울고 웃을 일은 아니다. 앞에서도 말했듯이 잘하는 사람도 헤맬 수 있는 것이 스피치이며 매사에 허둥대던 사람도 다른 사람을 감동 시킬 수 있는 것이 바로 스피치이다. 단 한 가지만 기억하자. 자신의 문제점을 면밀하게 파악한다는 것은 변화하고자 하는 열망 역시 크다는 것이다. 스피치를 잘하고 싶은가? 그렇다면 자신이 감동시키고 싶은 상황, 사람들을 구체적으로 떠올려 보자.

행동하는 스피치를 하라

누구나 성공을 꿈꾼다. 성공의 조건은 무엇일까? 다양한 사람들이 성공 비법을 말한다. "꿈이 있어야 한다" "열정이 필요하다" "시도를 해야 한다" 등 다양한 의견들을 제시한다. 이들의 핵심은 모든 것을 잘 표현해야 한다는 것이다. 자신의 꿈을 구체적으로 표현하고 구상할 수 있어야 하고, 열정적으로 행동해야 하며, 행동을 취해야 하는 것, 또한 이들의 핵심에는 스피치가 있다.

요즘 사람들은 왜 스피치에 열광할까? 바로 스피치를 잘하면 성공이란 보너스를 얻게 되기 때문이다. 어딜 가나 스피치를 못하면 안되는 세상이다. 성공을 위해선 스피치가 필요하다. 사람은 누구나 성공이란 꿈을 꾼다. 하지만 아무나 성공이란 꿈을 이루는 것은 아니다. 성공을 이루기 위해선 사람이 갖춰야 할 여러 가지 능력들이 필요하다. 그 중에서 최고의 능력은 사람을 설득하는 능력이다. 바로 "말 : Speech"이다.

최근 설문조사에서 직장인의 77%가 '말 잘하는 직장인이 승진 확률이 높다'고 답했다. 그만큼 스피치의 중요성은 나날이 높아지고 있고 이것은 비단 직장 생활에서뿐만이 아니다. 직업을 구하는 구직자, 원하는 대학에 들어가고자 하는 수시 준비생들도 포함된다. 즉 이 세상을 사는 모든 사람에게 "스피치 = 성공"의 공식이 적용된다.

피터 드러커Peter Druker는 "인간에게 가장 중요한 건 자기 표현이고 현대 경영이나 관리는 커뮤니케이션에 따라 달라진다"라고 말했다. 회사를 성장시키는 가장 큰 원동력으로 뽑은 자기 표현과 커뮤니케이션이 바로 스피치에 해당한다.

우리가 스피치를 어려워하는 것은 스피치에 필요한 기술 때문이다.

기업이 성공을 하려면 경영을 잘해야 한다. 그건 당연한 것이다. 하지만 경영은 결국 사람으로 움직인다. 사람을 움직이려면 스피치 경영을 잘해야 한다. 스피치 경영을 잘하면 분명 사람과 기업은 한 단계 성장한다. 이런 스피치 경영이 필수 조건의 시대이다.

칭찬과 격려, 인정의 말, 마음으로 들어주는 경청, 호감 가는 대화법, 발표 및 프레젠테이션, 조직에서의 한 마디, 회식자리의 건배 제의 등 다양한 스피치가 우리에게 주어진 미션과도 같이 놓여 있다. 과거의 직장 문화는 보고서로만 잘 표현하면 인정을 받는 시대였지만 이제는 보고서를 스피치로 잘 표현해야 하는 시대다.

스피치가 안되면 인생이 괴로워지는 시대에 우리는 살고 있다. 자신의 스피치를 실력을 알았다면 이제 스피치에 대해 알아야 한다. 무엇보다 우리가 명심해야 할 것은 우리에게 성공을 얻어줄 것은 즉 사람이라는 것이다. 사람을 말로 감동시킬 수 없다면 당신은 성공할 수 없다. 성공을 하고 싶은가? 그렇다면 실행이 먼저다. 그리고 그 실행은 당신의 스피치에 날개를 달아줄 것이다.

이기는 대화의 조건을 갖춰라

손자병법에 지피지기 백전불태知彼知己 百戰不殆라는 말이 있다. '적을 알고 나를 알면 백 번 싸워도 위태롭지 않다' 는 뜻이다. 스피치에서도 이기는 스피치의 조건을 알면 쉽게 스피치를 할 수 있는 능력을 키울 수 있다. 삼국지의 적벽대전을 봐라. 제갈량이 적벽의 특징과 상대를 분석하여 이를 이기기 위해 주유와 같이 화공의 전략으로 단숨의 대승을 거둔 것을 보면 우리에게도 승산은 있다. 스피치의 승리자가 되고 싶으면 이기는 스피치의 조건을 알면 된다. 스피치 승리자에겐 비밀이 있다. 도대체 어떻게 하면 승리자가 될 것인가?

가장 큰 비밀은 관심을 갖는 것이다. 스피치에 관심이 없는데 어떻게 실력이 향상이 되고 스피치를 잘 구사할 수 있겠는가? 이기고 싶다면 열망만큼의 관심이 필요하다. 관심이 있는 사람과 관심이 없는 사람의 태도와 그에 관한 자료의 질과 양은 반드시 차이가 있다. 스피치로 이기고 싶은 사람들은 다양한 정보를 습득하는데 노력을 게을리 하지 않는다. 보고 듣고 찾아보는 노력이 있는 사람은 스피치를 잘할 수 있는 요소를 먼저 알게 된다. 그렇기 때문에 먼저 스피치에 대해 관심을 가지고 친해져야 한다.

두 번째 스피치로 이기고 싶으면 매순간 두려워해서는 안된다. 과거와는 모든 것이 달라졌다. 이제 보고서만 잘 쓴다고 승진하는 사회가 아니다. 자신의 생각을 말로 정확하게 표현해 내야 인정받는 사회로 변하고 있다. 이 같은 현상은 점점 심해질 것이다. 이제는 발표하는 것을 두려워하면 살아남을 수 없다.

세 번째 자신만의 스타일이 묻어나는 스피치를 해야 한다. 유재석, 김제동, 그리고 신동엽, 손석희 등 자기만의 스타일로 사람들에게 감동을 주는 사람들이 많다. 그렇다고 잘하는 사람들의 스피치를 무작정 따라만 하는 것은 좋지 못한 방법이다. 자신의 문제점을 파악하고 자신의 스타일을 좀 더 멋지게 만들어 가꾸는 게 중요하다. 우선 배우고자 하는 사람들의 스피치를 면밀히 알아가는 과정이 중요하다. 그런 다음 자신의 문제점을 채워줄 수 있는, 혹은 자신의 롤모델이 될 법한 스피치를 구사하는 멘토를 찾는 것이다. 즉 자신의 문제점을 찾고, 그것을 인정했다면 그 부족한 부분에 정확한 스피치 능력을 채워서 넣어야 한다. 예를 들어 자신의 문제점이 발음이나 발성이라 파악이 된다면, 아나운서의 스피치를 자신감 있게 따라 하는 것을 추천한다. 자신의 스타일을 죽이지 않으면서 부족함을 채우는 것이 중요하다는 말이다.

마지막으로 스피치를 즐겨야 한다. 공자가 말하길 "알고 일을 해야 한다. 아무리 알고 일을 해도 그것을 좋아하는 사람을 이기지 못하고, 아무리 좋아서 일을 해도 그 일 자체를 즐기는 자를 못 이긴다"라고 했다. 하루 아침에 고친다는 발상을 무모한 것이다. 스피치로 이기고 싶으면 자기 자신부터 이겨야 하는데, 그것이 바로 즐기는 것이다. 무조건 즐겨라. 그 방법이 최고의 묘수다.

잘 통하는 스피치의 조건으로 설계하라

우리가 말로, 스피치로 가능한 것은 무엇일까? 말은 때로는 상대방을 눈물짓게 하고, 때로는 기쁨과 즐거움을 나눠주고, 때로는 감동과 감탄까지 준다.

조금 과장을 하면 사람이 느낄 수 있는 모든 희로애락喜怒哀樂의 출발이 말에서부터다. 스피치를 잘하는 사람들의 공통점은 이 모든 것을 시각적 느낌과 청각적 느낌, 말의 내용을 자신감 있게 보여 준다. 결국 보이지 않는 추상적인 것들을 명확하게 형상화해서 상대방에게 제대로 느끼게 만들어 준다. 자신이 말하는 내용을 사람들에게 효과적으로 인식시키고 그 느낌을 효과적으로 전달하느냐에 따라 우리는 진정한 승리자가 되며, 이것이 바로 잘 통하는 스피치의 조건이 될 것이다.

기분 좋고 대접받는 스피치

스피치는 표현에서 시작된다. 표현을 어떻게 하느냐에 따라 상대방의 기분이 달라질 것이다. 대부분의 사람들은 상대가 먼저 다가와 주길 바란다. 하지만 우리가 먼저 다가가야 한다. 그리고 때와 장소에 따라 다르게 표현해 내는 것이 스피치의 전략이기도 하다. 쉽게 말해 음식점에 들어갈 때 직원이 활기차게 먼저 다가와 "어서 오세요", "안녕하십니까, 무엇을 대접해 드릴까요? 어떤 도움이 필요하십니까?" 하면서 반갑게 맞이하면 얼마나 기분이 좋은가? 무언가 모르게 대접을 받았다는 느낌에 먹지 않아도 배가 부르고, 음식이 기대가 되는 것이 우리네 마음이다.

감동을 주는 스피치

영화 "너는 내 운명"으로 2005년 청룡영화제에서 남우주연상을 수상한 배우 황정민. 그가 유명세를 탔던 것은 의외로 그의 수상 소감 때문이었다. "영화 스태프들과 상대 배우들이 차려놓은 밥상을 맛있게 먹기만 했을 뿐인데… 수상의 영광은 자신에게만 돌아온다."라고 밝힌 황정민의 겸손한 수상 소감은 재치 넘치면서 그를 남달리 보이게 하는 일등공신이었다. 결국 이 수상 소감은 다양하게 패러디 되며 사람들에게 인식되었고, 광고로도 만들어졌을 정도로 사람들에게 감동을 주었다. 화려한 스포트라이트를 받는 순간 모든 공을 주위 사람에

게 돌리는 황정민의 모습은 '인간 황정민'을 느끼게 한 좋은 계기가
되었다.

유쾌하고 즐거운 펀 스피치

故 김대중 대통령은 정치 이야기가 오가는 경직된 자리에서, 그리고
다양한 사람을 만나면 늘 유머 한마디로 분위기 전환을 했다고 한다.
유머는 분위기를 가장 쉽게 바꾸는 가장 쉬운 펀 스피치이기도 하다.
김대중 대통령은 세계지도자들과도 만났을 때도 유머로 말을 풀어갔
다고 한다. 재임 중 중국의 장쩌민 국가주석을 만났을 때 장 주석은
"대통령께서는 젊어 보인다"고 덕담을 건넸다. 그러자 김 대통령이 이
렇게 응수했다고 한다. "저는 감옥살이, 연금, 망명생활을 20여 년 넘
게 했습니다. 남들과 같이 나이를 먹는 것은 억울한 일입니다. 20년을
제 나이에서 빼야 합니다. 그래서 젊어 보이는 겁니다"라고 말하니 회
의장은 웃음으로 가득 찼고 참석한 사람들에게 즐거움을 선사하였다
는 일화가 있다. 이렇듯 사람을 쉽게 다가가게 만들기 위해선 유머 같
이 유쾌하고 즐거운 스피치를 하면 편안하게 다가가게 된다. 이것이
펀 스피치이기도 하다.

진심이 담긴 프레젠테이션, 스티브 잡스처럼

프레젠테이션의 달인이라 불렸던 애플의 신화적 인물 스티브 잡스. 너

무도 평범한 청바지와 검은 터틀넥, 항상 같은 복장으로 청중들 앞에 섰던 스티브 잡스. 그러나 그에게 뿜어져 나오는 자신감. 여유와 신뢰 감이 넘치는 목소리는 그가 가진 콘텐츠를 더욱 빛나게 해 주고 진심 으로 다가왔다. 그가 말했다. "사람들은 원하는 것을 보여주기 전까지 무엇을 원하는지도 모른다." 그렇다. 그는 사람들이 원하는 것을 제대 로 보여주는 능력을 가지고 있었다. 많은 사람들이 고민한다. "괜찮은 물건인데 왜 이리 안 팔릴까?" "맛은 괜찮은데 왜 이리 장사가 안 될 까?" 아무리 경쟁력 높은 제품을 손에 쥐었다고 해서 모두 성공하는 것은 아니다. 우리가 사는 현실이 그렇다. 질 좋은 상품을 더욱 경쟁력 있게 해주는 것이 바로 스피치이다. 말의 힘은 사람의 인생까지 바꾸 는 무한 감동 파워를 가지고 있다. 잊지 마라! 당신도 스티브 잡스가 될 수 있다.

습관의 힘으로
말의 기술을 키워라

스피치란?
한정된 시간 안에 자신이 가진 정보를 상대방에게 정확하게 전달하여 그로 인해 설득,
감동, 의식을 변화시키는 일련의 과정이자 커뮤니케이션이다.

스피치는 자신이 가진 정보를 상대방에게 정확하게 전달해야 한다. 모든 스피치엔 한정된 시간이 있다. 그것을 어떻게 효과적으로 전달해야 하는지가 중요하다. 우리가 생활하는 모든 사회에는 스피치가 존재한다. 그러나 스피치에 대한 개념도 모르는 사람이 많다. 단순히 말이 스피치를 얘기하는 건 아니다.

조직에서의 말 한마디

모임의 건배 제의

다양한 자리에 자기 소개

성과 보고 프레젠테이션

성공 취업을 위한 면접

연설, 발표, 강의

위의 나열된 목록은 우리 사회에서 쉽게 접할 수 있는 스피치이다. 이 스피치들의 공통점은 무엇일까? 스피치로 소통을 해야 한다는 것이다. 말과 스피치의 차이는 말은 단순한 형태이지만, 스피치는 소통을 위해 하는 행위라는 것이다. 우리는 이미 스피치로 소통을 한다는 사실을 알고 있다. 특히 한국인들은 말을 할 때 상대방에게 완벽하게 보이고 싶어 하고 실수에 대한 두려움이 많다 보니 다양한 자리에서 접하게 되는 스피치에 힘들어 하는 경우가 많다. 모든 스피치는 한정된 시간 안에 상대방에게 정확하게 전달해야 하는 커뮤니케이션이다. 지금 이 시간에도 스피치가 없으면 사람의 속마음을 알 수 없다. 그렇기 때문에 스피치를 잘해야 하는 건 당연한 것이다.

사람들은 소수의 인원에게는 말을 잘한다. 그리고 편한 친구, 가족, 직장동료들과의 말은 아주 쉽게 진행한다. 하지만 사람 수가 늘어나는 순간 경직된다. 자신에게만 생기는 일이라 생각하는가? 그건 아니다.

누구에게나 안 좋았던 스피치 경험은 있을 것이다. 그럼에도 그것이 무엇이 문제였고, 무엇을 고쳐야 하는지 쉽게 알지 못한다.

말은 사람을 연결해 주는 고리와 같다. 사람을 만나서 가장 먼저 하는 건 대화이다. 아무 말도 안 하고 눈빛만 봐도 서로에 대해 알면 얼마나 행복할까? 하지만 사람을 알고 그 사람에 대해서 알고 싶다면 말을 해야 할 것이다. 말을 어떻게 하느냐에 따라 사람이 달라 보인다. 하지만 말은 그리 쉽지 않다.

우리나라는 말을 많이 하면 "사람이 헤퍼 보인다, 가벼워 보인다, 이가 보이면 복 나간다"란 말들로 인해 말을 안 하는 게 만드는 문화가 있다. 그러다 보니 자연스럽게 침묵하는 것이 최고라고 생각한다. 하지만 언제나 강조하듯 시대는 변했다. 상대방에게 얼마나 표현을 잘하느냐에 따라 자신의 능력이 달라 보이고 서로간의 관계에도 아주 큰 영향을 미친다. 설령 스피치에 관심이 있다고 해서 처음부터 쉽게 스피치 학원의 문을 두드리지는 못한다. 어떤 사람은 지하철 포스터만 3년째 보다가 망설이고 또 망설이다 학원에 온 경우도 있다. 이런 사람이 많을까 생각하겠지만 의외로 많으며, 스피치 학원을 찾는 연령대도 40대 이상이 많다. 당장 말을 배워야 하는데 하려고 하니 마음같이 안 되고, 힘들고 어렵다는 생각과 바쁜 생활 속에 겨우 찾아오는 것이다. 대부분 사람에게 스피치 학원이란, 말을 못하고 말에 문제가 있는 사람들이 온다는 인식이 많다. 그러다 보니 문을 두드리기가 어려울 수도 있다.

시대가 변했다. 시대가 변한 만큼 스피치에 대한 인식도 변했다. 이제는 무조건 실행을 해보는 것이 중요한 시대다. 작은 것부터 시도해 보아라. 그리고 작은 목소리를 크게 해라, 책을 보고 읽어라, 웅변처럼 연단에서만 연습하는 식의 스피치 교육은 이미 끝났다. 매 순간 강조하지만 자신의 문제점을 찾고 스스로의 문제가 무엇인지 찾아, 스스로 동기부여를 통한 스피치 훈련이 안되면 교정하는 시간은 더 지체 될 수 밖에 없다. 이제는 과거의 잘못된 생각, 습관을 과감히 버리고, 제대로 채워 나가는 기술을 연마할 때다.

매일 자신감으로 무장하라

나는 힘과 자신감을 찾아 항상 바깥으로 눈을 돌렸지만,
자신감은 내면에서 나온다. 자신감은 항상 그곳에 있다.　　　　－ 안나 프로이트

자신감! 자신감! 누구나 갈망하는 단어이자 스피치의 생명이기도 하다. 미국의 사회심리학자이자 UCLA 대학교 심리학과 명예교수인 앨버트 메라비언(미국의 사회심리학자)는 사람이 메시지를 전달할 때 목소리, 표정, 태도 등 보디랭귀지가 55%이며, 말하는 내용은 겨우 7%의

비중만 차지한다고 했다. 말을 할 때 비언어적인 메시지가 중요하다는 것이다.

스피치를 구사할 때 가장 중요한 건 비언어적인 메시지인데 거기에 하나가 더 업그레이드 되어야 최고의 스피치라고 말할 수 있다. 그건 스스로에게 내어주어야 할 당당함이다. 이런 당당함이 없으면 아무리 좋은 내용의 콘텐츠를 가지고 있더라도 설득력이 약화되고 신뢰감은 바닥으로 추락할 것이다. 사회생활을 하면서 공식적인 자리에서의 스피치는 자기 능력을 P R하기 좋은 기회이다. 회사의 업무 보고를 위한 브리핑, 회사 제품을 소개하는 프레젠테이션, 입찰을 통한 수주, 직장을 들어가기 위해선 면접을 통한 스피치 등 다양한 곳에서 우리는 스피치로 평가를 받게 된다. 그리고 점수까지 매겨진다.

스피치는 누구에게나 어렵다. 농협의 이사로 취임하는 의뢰인을 만나 코칭한 적이 있었다. 의뢰인은 처음 취임식 때 무슨 말을 해야 할 지 고민된다고 찾아와서 상담을 요청했다. 취임식에 할 말을 A 4 용지에 5장씩이나 꼼꼼히 적어 방문한 것이 기억에 남는다. 앞에서도 말했듯 스피치에서 양은 중요치 않다. 결국 그 의뢰인은 그 많은 말을 다했을까? 결국 다하지 못했단다. 사람들은 내용도 중요하게 여기지만 이야기의 핵심키워드를 중요하게 생각한다. 이렇듯 스피치는 양보다 질, 상대가 원하는 이야기를 자신감 있게 표현하는 것이 중요하다. 스피커

(화자, 이하 스피커)는 언제나 다양한 스피치 기술을 준비해야 한다. 그래야 청중들의 관심을 끌 수 있다. 쉬운 방법은 상대방이 듣고 싶어 하는 "느낌"으로 가면서 자신감 있게 표현하면 된다. 결국 그 의뢰인은 스스로 할 수 있는 짧으면서 강렬한 인상을 남길 수 있는 내용으로 진행했다. "직원들이 듣고 싶은 말은 무엇일까?" "어떻게 하면 당당하게 할 수 있을까?"부터 생각해야 한다. 상대방에게 잘 보이고 싶고 자신이 이런 사람이란 것을 보여주고자 하는 권위주의적 사고는 버려야 한다. 편안하게 자기 자신이 할 수 있는 양만큼 진행하고 적절한 핵심을 자신감 있게 전달하면 상대방은 다 알아듣는다.

이게 바로 자신만의 느낌을 자신감 있게 표현하는 것이다. 느낌을 좀 더 상대방에게 잘 전달하기 위해선 자신이 가진 잘못된 습관을 알아봐야 할 것이다. 그리고 사람들이 원하는 스피치를 구사하면서 여유와 자신감을 보여줄 때 청중들은 스피커를 신뢰하게 된다.

당당함은 어떤 자리에서든 꼭 필요한 요소이며 최고의 스피치 기술이다. 자신감만 제대로 갖는다면 자신이 가진 능력을 십분 발휘할 수 있다. 그러면 자연히 전달력과 설득력까지 올라간다. 이제부터 말의 내용의 집중하기 보다 말을 어떻게 전달할 것인지를 생각해야 할 때다. 자신이 가진 정보를 자신감 있게 표현하는데 집중하자.

잘못된 습관도 알면 약이 된다

스피치를 하다 보면 자신도 모르는 습관들이 나온다. 특히 불필요한 언어가 나오는데 그 중에서 가장 대표적으로 나오는 말은 "어, 음, 습" 같은 말이다. 무심코 나오는 경우가 대부분이다. 이런 습관을 가진 사람들은 대부분 긴장을 한다든가, 머리 속에 불필요한 생각을 채우는 습관을 가지는 경우가 많다. 발표를 할 때 무의식적으로 "어~, 음~ , 습~"을 하는데 정작 본인들은 하는지 안 하는지 잘 모르는 경우가 많다. 그러다 보니 집중을 해야 하는 청중들은 집중이 제대로 안되는 경우까지 발생한다. 한 수강생의 경우 센터에서 발표를 하는 도중 음, 어를 얼마나 많이 하는지 귀에 거슬리기까지 했다. 그래서 그 수강생에게 '3분 스피치' 라는 미션을 주고 스피치를 하는 동안 그와 같은 습관을 몇 번이나 하는지 세어 보았다. 무려 3분에 9번. 문장에 기본 2~3번은 들어갔다는 얘기다. 그러나 정작 자신은 못 느끼는 습관이었다. 또 한 번은 3분에 15번을 넘게 하는 경우도 있었다. 스피치는 이와 같은 잘못된 습관만 버려도 청중들의 시선을 놓치지 않게 만든다.

스피치를 하면서 잘못된 대표적인 습관은,

- "음, 어, 습" 같은 불필요한 말을 자주 한다.
- 목소리가 너무 작다.

- 말하는 내내 천장, 바닥을 보고 말한다.
- 너무 빨리 말한다.
- 발표 시 거북이 목으로 말을 한다.
- 어미를 습관적으로 흐리게 말한다.

센터에서 가장 중요한 과정은 영상촬영을 통한 자신의 모습을 알아보는 과정이다. 대부분의 사람들은 이렇게 생각한다. "내가 나를 보기가 부끄러운데…"라고. 하지만 자신의 무엇이 잘못되었는지 알아야 한다. 그러기 위해선 자신의 발표 모습을 봐야 알 수 있다. 의외로 답은 간단하다. 잘못된 습관으로 청중들에게 신뢰감을 못 주는 경우가 많은 것이다. 특히 스피치에서는 자세가 중요한데, 업무의 대부분이 컴퓨터

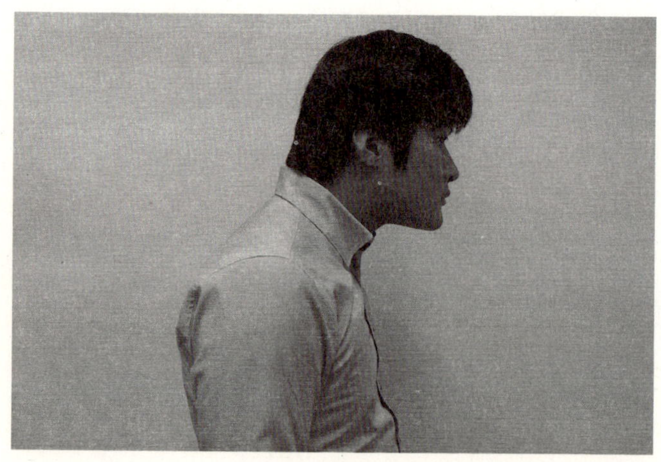

작업이다 보니 발표할 때 거북이 목으로 스피치를 하는 경우가 늘었다. 즉 목을 불필요하게 앞으로 쭉 빼고 말을 해 목소리가 눌려서 나오는 경우도 많다. 이런 안 좋은 자세 역시 좋지 않은 습관이 된다. 어깨와 허리를 쭉 펴고 목과 허리를 일직선한 상태로 만들어야 소리가 잘 나온다. 그리고 특히 여성의 경우 어미(말끝)를 흐리게 말하는 경우가 있다. 이런 경우는 자기자신이 흐리는지 안 흐리는지조차 모르는 경우가 다반사이다. 말끝을 흐리게 말하면 자신감이 없어 보이고 신뢰감까지 떨어지기도 한다. 이렇듯 자신의 문제점을 쉽게 아는 방법은 문제점을 촬영한 영상을 통해 보고 직접 느끼는 것이다. 이것을 '자기 경청 과정'이라고 한다. 당연히 처음엔 이런 촬영을 민망해 한다. 하지만 이보다 좋은 습관 고치기 방법은 없다.

스피치를 잘하고 싶으면 자기 경청을 할 줄 알아야 한다. 자신이 상대방과 어떤 말로 소통하고 있는지, 자신의 말로 인해 상대방에게 오해를 불러 일으키지 않았는지 알아봐야 한다. 이런 과정을 통해 자신의 문제점을 알고 쉽게 고칠 수 있다. "내 목소리가 이렇게 작았나?" "천장을 보고 이야기 하네" "발음이 많이 부정확했구나" "왜 이리 말을 빨리 해" 등 자신을 제대로 볼 수 있는 것이다. 자신이 무슨 말을 하는지, 어떻게 말하는지를 모르는데 어떻게 남을 설득시킬 수 있겠는가?

자기 경청 과정을 통해 잘못된 습관을 바로 잡고 자신을 멋지고 당당하게 만들어야 한다. 이것이 제대로 된 교정 방법이다. 자기 경청 과정은 스피치 변화의 과정 중에 중요한 단계라는 것을 명심해야 한다.

사람의 마음을 얻는 매일 습관, 덤 스피치

미국 국립 인간 관계연구소 제임스 벤터 소장이 리더의 조건에 대하여 미국의 TOP 경영자 55명을 대상으로 조사를 했다. "리더로서 갖춰야 첫 번째 조건은 무엇이라고 생각하나?"라고 물었다. 이제 여러분에게 묻는다. 이런 질문을 받는다면 당신은 무엇이라고 대답할까? 리더들은 열정, 이미지, 목표, 꿈이라고 했을까? 55명 중 54명이 스피치를 1위로 말했다. 그렇다면 나머지 1명은 무엇이라고 했을까? 그 나머지 1명은 글이라고 했고 그 다음 순위로 스피치를 꼽았다. 권위적인 시대에서는 부하 직원에게 명령 체제 속에 목표달성이 가능했지만 요즘은 다르다. 개인의 브랜드를 중요시 여기고 개성을 한층 더 보여줘야 하는 시대일수록 사람을 움직이는 스피치를 구사해야 한다.

21세기는 아는 것이 힘이다. 예전보다 배움의 정도가 높아졌다. 그러나 아무리 좋은 정보가 있어도 그것을 표현 못한다면 값어치는 떨어진다. 알고 있는 것을 제대로 표현할 수 있는 능력이 더욱더 중요시 여겨지고 있다. 직업이 전문화, 세분화되는 현대 사회일수록 스피치 적용 영역은 넓어진다. 여러 영역에 관한 정보나 지식을 효과적으로 전달하고, 상대방에게 신뢰감을 주면서 설득할 수 있는 스피치 능력이 절실히 필요하게 된 것이다. 옛말에 '말 한마디에 천냥 빚을 갚는다'란 말이 있듯이 말 한마디, 스피치 한마디는 정보화 사회에서 가장 중요한 능력이자 성공 키워드이다. 스피치를 통해 표현하는 능력이 가장 중요한 시대에 우리는 살고 있다.

인간 관계를 증진시키기 위해 가장 효과적인 것은 스피치 커뮤니케이션이다. 표현을 어떻게 하느냐에 따라 인간 관계가 좋아질 수도 있고 나빠질 수도 있다.

사람을 움직이는 스피치의 핵심은 '자신만의 패턴 스피치'를 구사할 수 있느냐, 그렇지 않느냐이다. 자신이 가장 자연스럽게 할 수 있고 익숙한 스피치가 자신만의 패턴 스피치가 아니겠는가? 그 중에 가장 쉬운 스피치는 덤 스피치다.

물건을 살 때도 누가 덤으로 하나 더 주면 좋지 않은가?

상대방에게 건넨 감동적인 말 한마디가 상대방의 인생을 달라지게도 만들 수 있다. 아침을 가벼운 인사말로 시작해 보자. 그리고 인사말로 끝내지 말고 상대가 듣고 싶어하는 덤을 하나 더 줘 보는 것이다. "안녕하세요? 부장님" 이런 가벼운 말로 활기차게 시작하고 덤 스피치를 구사하는 것이다. "안녕하세요. 부장님. 아침은 드셨나요?" "안녕하세요.

부장님 오늘 날씨가 너무 좋네요" 등 상대방에게 기분 좋은 인사와 덤 스피치를 건네보자. 자신에게 관심을 가져주는 사람을 싫어할 사람은 세상 어디에도 없다. 이런 소소한 스피치에도 사람을 움직이게 하는 힘이 실려 있다.

특히 상대를 움직이게 하려면 상대방이 듣고 싶은 말을 해줘야 한다

국민 M C로 손꼽히는 강호동이 탈세 문제로 인해 잠정 은퇴 선언을 한 적이 있다. 1박 2일, 무릎팍도사, 강심장, 스타킹 등의 프로그램으로 최고의 전성기를 달렸던 그였다. 수많은 비난으로 복귀가 어려울 것 같다고 점쳐졌던 그를 다시 현장으로 불러들인 것은 말 한마디였다. 이수만 S M엔터테인먼트 회장이 직접 강호동에게 전화를 걸어 "강호동만을 위한 시스템을 만들겠다"고 설득한 것이 주효했다고 한다. 강호동이 원하고 듣고 싶었던 말이기에 그만큼 설득이 되었을 것이다. 이렇듯 말 한마디로 사람에게 감동을 줄 수도 있고 상대방을 내편으로 만들 수도 있다.

　스티브 잡스도 말 한마디로 상대방을 내편으로 만들었던 사례가 있다. 펩시의 사장이었던 존 스컬리를 애플로 오도록 설득할 때 한 말은 아주 간단명료했다. "세상이 변하고 있는데 당신은 언제까지 설탕물만 팔고 있을 겁니까?" 이 말을 들은 존 스컬리는 엄청난 충격을 받았다고 한다. 이 말로 스티브 잡스는 존 스컬리를 얻을 수 있었다.

백 마디 말보다 한마디 말이 상대방을 내편으로 만들기도 한다. 사람을 움직이고 싶으면 이야기의 핵심, 그 말을 함축적으로 표현할 수 있는 기술도 필요하다.

자신감을 주는 스피치만 하라

L G경제연구원에서 '인재를 죽이는 말 한마디' 라는 조사를 했다. 말 한마디에 조직의 자신감이 얼마나 바뀔 수 있는지를 알아보는 조사다. 인재와 기업에게 악영향을 주는 말 한마디는 "이것 밖에 안되냐" "○○에게 맡길걸 그랬군" "당신은 그래서 안돼" 등과 같은 말이었다. 이 같은 말은 조직원간의 관계가 안 좋아지고 상대의 자신감을 상실하게 만드는 대표적인 말이다. 기업에서 어렵게 구했을 인재들, 그런 인재를 죽인 환경의 대표적인 요인이 바로 조직의 말 한마디라는 게 연구원의 설명이다. 사람의 기를 죽이는 말, 말은 이처럼 파급 효과가 크다. 특히 열심히 일을 한 직원에게 '이것 밖에 안되냐' 라고 반복적으로 말하는 경우 기운이 빠지고 열심히 해서 뭐하냐는 생각이 들 수 있다. 그리고 잘해야 본전이라는 분위기가 팽배해 일을 덜 열심히 하게 되고 자연스럽게 성과까지 떨어지게 되는 악순환이 된다.

모든 화의 근원은 입안에 있다

직원의 기와 자신감을 불러일으키는 것은 의외로 쉬운 일이다. "이건 잘 했네"라는 말로 시작하고 보완할 점을 이야기 한다면 직원의 기를 살릴 수 있을 것이고 직원 역시 "내가 이런 부분에서는 잘했구나"라는 긍정의 생각을 하게 만들 것이다. 그리고 "당신은 논리력이 좋고, 00씨는 정보력이 뛰어나지요"라는 말이 듣는 사람의 능력을 최상으로 끌어올릴 수 있게 만드는 씨앗이 된다. 그 만큼 말 한마디에 자신감이 생기고 조직의 분위기까지 달라진다.

말 한마디에는 아주 거대한 위력이 숨어 있다. 사람을 살리기도 하지만 한방에 죽이는 것이 말이기도 하다. 말 한마디에 기를 살릴 수 있고 상대를 내편으로 만들기도 한다. 당신을 성공으로 이끌어 줄 자는 바로 사람이다. 그런 사람들의 마음을 얻느냐, 그렇지 못하냐는 말 한마디에 달려 있다.

스피치 능력이 향상됨에 따라 자신감도 올라간다. 대부분의 사람들은 회사에서 말 때문에 손해를 본적이 있다고 생각한다. 그러다 보니 스피치 학원에 도움을 받기 위해 찾아오는 사람도 상당수다. 이런 경우 자신감을 찾아주는 것이 급선무이다. 성공하는 사람들은 결정적인 자리에서 자기표현이 뛰어나며 자기 자신을 확실하게 PR할 줄 아는 파워 스피치 능력을 지녔다. 그리고 이 방법은 그렇게 어려운 기술이 아니다. 말하기와 듣기를 적절히 분배하고 상대방이 무엇을 원하는지 잘 파악한다면 상대방은 자연스럽게 내편이 될 것이다. 잊지 마라. 모든 화의 근원이 입이기도 하지만, 모든 성공의 출발 역시 입에서 시작한다.

스피치는 소통疏通이 기본이다

아무리 훌륭하고 좋은 말이라 해도 상대방과 소통이 안되면 그 말은 불필요한 소음에 불과하다. 소통의 기본은 배려와 존중에서 출발한다. 상대방의 마음을 얻고 싶다면 상대방을 배려하고 존중부터 하는 것에서 시작하자. 쉽게 말해 미용실에 가서 예쁘게 머리를 다듬은 부인에게 헤어스타일에 대해 칭찬해 주면 밥상이 달라지는 것처럼. 야구를 좋아하는 상대방에게 야구 이야기를 건네면 하루 종일 즐겁게 소통이 될 것이다. 결국 스피치는 서로 듣고 싶은 말을 적절하게 해줘야 한다. 강의도 마찬가지다. 청중이 듣고 싶은 말을 해줘야 서로 공감이 되고 소통이 된다.

소통이 안되면 불통이고, 불통이면 고통이다.

스피치는 삶의 에너지다

스피치는 우리 삶의 활력소이자 에너지이다. 사람마다 스피치를 배우고자 하는 이유는 천차만별이다. 하지만 공통적인 부분도 있다. 요는 자신에게 변화를 주어 새로운 삶을 이루기 위한 돌파구를 찾는 것이다. 스피치는 삶의 에너지이다. 스피치는 또 다른 삶의 통로이다. 스피치는 음악이다. 그러나 때로는 즐거운 음악이 될 수 있고 시끄러운 음악이 될 수도 있다. 사람은 자신의 말을 들어주는 것을 좋아한다. 고로 말을 하는 것을 좋아한다는 의미도 내포되어 있다. 말을 하다 보면 스트레스까지 해소되는 경우도 있다. 그리고 스피치에 가장 중요한 에너지는 사람을 자신의 편으로 만드는 것이다. 사람과 관계를 맺을 때 스피치는 아주 중요한 요소를 차지한다.

스피치는 삶의 에너지이다. 칭찬, 경청, 진심, 격려 등을 하면 모든 삶은 즐겁다. 그리고 사람은 스피치를 통하여 복잡한 머릿속 생각을 말로 꺼내어 정리하기도 하는 마음의 정리 도구로 사용하기도 한다.

사람은 언어를 사용하지 않고는 살아갈 수 없다. 사람들이 매일 말을 하며 살고 있기에 뛰어난 스피치 능력이 필요하다. 때와 장소에 맞게 말을 잘하기 위해서 많은 노력이 필요하다. 그리고 상대방을 생각해서 말을 하는 건 더욱더 중요하다.

상대방이 듣고 싶은 말을 해주고 상대방의 장점을 먼저 발견해 칭찬하고, 때로는 남의 말을 경청할 줄 알아야 한다. 말 잘하는 사람은 타인에 대한 관심과 배려를 잊지 않아야 하며, 상대방의 이야기를 이끌어 낼 줄 알아야 한다. 또한 상대를 즐겁게 만들어야 한다. 그만큼 말의 위력은 아주 크고 상대뿐만 아니라 자기 자신도 즐겁게 만드는 강력한 에너지가 숨어 있다.

성실함은 성공으로 돌아온다

스피치를 공부하다 보면 처음엔 지겹고 재미가 없다. 그러다 보니 중간에 포기를 하는 경우가 적지 않다. 한 번은 한 수강생이 물어왔다. "원장님 전 해도 실력이 안 느는 것 같은데… 걱정이네요" 라고. 그렇지만 그 직장인은 두 달 수업 중에 거의 한달 동안 결석을 했다. 결석한 이유야 물론 이해가 간다. 바쁜 업무를 보는 직장인들이 스피치까지 공부하기란 쉽지 않은 일이다. 하지만 제대로 된 노력과 연습을 하지 못한다면 스피치는 향상되기 어렵다. 그래서 "절대 3주는 빠지지 말고 열심히 집에서 복습해 보세요"라고 강조한다. 결국 그 직장인도 성실하고 꾸준한 노력 끝에 결실을 봤다. 결국 제대로 안 해서 포기하게 되는 것이다.

스피치를 하다 보면 자기 자신에게 관대해진다. "비가 오니 내일 연습하자" "주말인데 잠이나 푹 자자" "연습은 무슨 그냥 하면 되겠지"라고 자기 자신에게 합리화를 시킨다. 그러다 보니 자신이 원하는 목표를 이루기가 쉽지 않고 아예 포기하는 경우도 많다. 쉬운 예로 연초에 계획한 금주, 금연, 다이어트 계획은 3일이 고비다. 3일을 잘 넘겨야 하는데 쉽지 않다. 3일 이상을 무엇인가를 반복적으로 지켜나간다는 것은 쉽지 않은 일이다.

스피치도 마찬가지다. 스스로를 움직여 자신의 문제점을 파악하고 꾸준히 달려가야 하는데 그 과정이 오래 걸리다 보니 중도에 포기하는 경우가 많은 것이다.

자신의 동력으로 움직일 것인가? 원동력으로 움직일 것인가?

사람을 움직이게 하는 힘은 크게 2가지가 있다. 그중 하나는 동력動力이란 힘이 있는데 말 그대로 움직이는 힘이다. 동력으로 움직이는 현상은 초등학생들에게 많이 볼 수 있다. 초등학생들은 항상 어머니의 말로 움직인다. 아침 기상으로 시작해서 방학 때 학업 계획까지 어머니의 의지대로 움직인다. 가고 싶지 않는 영어 학원, 수학 학원을 가서 공부하니 성적이 잘 오를까? 타인의 힘에 억지로 이끌리는 시기에는 놀이를 뒤로 한 채 공부에 집중하기 쉽지 않기 때문에 성적이 오르진 않는다. 자기가 스스로 하고 싶고 해야 하는 이유를 아는 사람들 하고 분명 결과물도 다르다. 어른들도 마찬가지다. 누가 시켜서 하면 기분이 어떠한가? 잔소리로 듣고 건성으로 하는 경우가 많다. 하지만 자기가 하고 싶은 것을 할 때는 눈빛부터 다르다. 이것이 바로 우리가 가져야 할 원동력이다.

원동력이 있는 사람과 없는 사람은 도달하는 지점이 다르다. 스피치 역시 자신이 왜 해야 하는지부터 깨닫고 해야 한다. 그렇지 않고선 절대 실력 향상이 안 된다. 이왕 스피치 공부에 힘을 쏟을 거면 자신의 생각부터 바꿔야 하고 스스로 움직여야 한다. 스스로 마음 먹고 움직이지 않으면 절대 움직이지 않는다. 노력과 열정, 자신감이란 원동력을 가지고 달리는 순간 자신의 스피치 실력이 향상되는 모습을 보게 될 것이다. 자신의 모든 잡념과 습관을 제대로 버릴 줄 알아야, 제대로 된 기술로 실력을 채워나갈 수 있다.

제대로 말하는
사람들의 패턴을 배워라

성공 스피치 = 패턴을 지배하는 자

사람마다 가진 성격과 그 생김새, 스타일이 다르다. 똑같은 사물을 함께 봐도 다르게 생각하고 말하는 게 사람이다. 사람은 각양각색이고 백인백색이다. 하루에도 몇 번씩 필자에게 묻는다. "스피치를 잘할 수 있는 방법이 무엇이냐" 스피치를 잘할 수 있는 방법은 의외로 간단하다. 자신이 가진 스타일을 좋은 패턴으로 만들면 된다. 즉 자기만의 스타일을 자신감 있게 보여줘야 하고 사람들이 봤을 때 "아, 이 사람 말 잘한다. 자신감 있어 보인다"라는 말을 들어야 한다. 그래야 어느 자리에서든 스피치를 잘할 수 있다. 스피치를 잘하고 싶은가? 그러면 벤치

마킹이 필요하다. 그리고 그 스타일을 자신에게 맞는 패턴으로 바꿔야 한다. 그게 바로 말 잘하는 사람의 방법이자 길이다.

스피치를 잘하는 사람은 남의 것을 그대로 하는 게 아니라 재창조한 것이다. 자신에게 맞는 패턴을 만드는 순간 어느 자리에서든 통하는 명스피커가 될 수 있다.

자신만의 패턴부터 찾아라

몇 년 전까지만 해도 스피치 학원의 문을 두드리는 사람들의 대다수가 발음 교정이 목적이었다. 그러나 요즘은 다양한 스피치의 문제점 때문에 학원을 찾는 사람들이 많아지고 있다. 대부분 사람들은 자신의 문제점을 대충이라도 알게 마련이다. 자신의 패턴을 찾기 위해서는 실전 경험이 많이 필요하다

인생에서 가장 귀중한 보석은 경험이다.
_ 윌리엄 셰익스피어

경험만큼 귀중한 보석은 없다. 경험은 돈을 주고도 살 수 없다. 경험을 해본 사람과 안 해 본 사람은 분명 다르다. 스티브 잡스가 처음부터 프레젠테이션을 잘했을까? 그건 아니다. 스티브 잡스도 하나의 프레

젠테이션을 하기 위해 500시간을 투자하고 연습했다고 한다. 그만큼 연습을 통해 자기의 패턴을 만들어 프레젠테이션을 구사했다는 것이다. 그만큼 스피치를 잘하기 위해선 연습이 중요하다.

연습을 하는 이유는 뭘까? 사전에 부족한 부분을 채우기 위해서 하는 것이다. 연습의 방법도 아주 중요하다.

> 패턴 [pattern] : 일정한 형태나 유형이나 양식. 또는 그것의 배열

패턴은 일정한 양식을 말한다. 자신에게 맞는 패턴을 만들어 몸에 익혀야 한다. 그래야 자신의 몸에 꼭 맞는 스피치를 할 수 있다. 기성복을 입는 것보다 맞춤식 옷을 입는 게 자신의 몸에 더 잘 맞듯이 맞춤식 스피치를 하는 것이다. 자신에게 맞게 다양한 패턴을 만든다면 말은 쉽게 할 수 있다. 그렇다면 도대체 자신에게 맞는 패턴이 어떤 것일까? 방법을 찾는 기본은 연습이다.

스피치를 잘하는 사람들은 자기만의 패턴이 있다. 이런 패턴을 아느냐 모르냐가 중요하다. 스피치를 잘하려면 우리는 모방의 천재가 되기도 해야 하고, 창조의 천재가 되기도 해야 한다. 모방과 연습만이 살길이다. 예를 들어 닮고 싶은 스피커의 연설문을 읽고 또 읽으면서 연습 벌레가 되어야 한다. 그 연설문이 글이 아닌 말이 될 때까지 읽고 또 읽어나가야 하는 것이다. 글로 적힌 문구를 그대로 따라 읽지 않을 정

도로 그 연설문이 외워지면 그 연설문은 이미 당신의 것이다. 모방은 창조의 어머니가 아니겠는가?

　스피치를 잘 구사하는 사람을 유심히 살펴보면 자신감이 있다는 건 누구나 안다. 하지만 자신감을 얻기 위해선 쉽지가 않다. 이는 어떻게 해야 자신감 있어 보이느냐를 모르는 경우이기 때문이다. 누구나 스피치를 잘하고 싶어한다. 학원에 찾아오는 사람들은 한결 같이 자신감 있게 말을 하고 싶어한다. 하지만 말을 잘하려면 목소리만 크면 될까? 제스처를 잘하면 자신감 있게 보일까?

　스피치를 잘하고 싶으면 기본을 알아야 한다. 사람들은 기본을 무시하는 경우가 많다. 튼튼한 건물을 짓고 싶다면 공들인 설계도가 필요하다. 맛깔스런 음식을 만들 때는 노하우가 많은 레시피가 있어야 한다. 설계도와 레시피가 정확해야 훌륭한 건물과 맛있는 음식을 만들 수 있는 것이다. 그렇다면 스피치의 기본은 무엇일까?

　아무리 훌륭한 스피커가 좋은 콘텐츠를 가지고 있더라도 말의 강약이 없거나 발음이 부정확하다면 청중들은 자리를 떠나게 된다. 마찬가지로 시선 처리가 부자연스럽고 제스처가 없고 몸에 힘이 없으면 자신감과 신뢰감을 줄 수 없다. 즉 가장 기본적인 것들을 익혀야 자신감을 가질 수 있다.

준비가 없으면 승리도 없다

요즘 들어 부쩍 스피치에 관심을 갖는 사람들이 많다. 직장인들의 프레젠테이션 능력 키우기, 구직자의 면접 스킬, 스피치를 통한 인간 관계 회복, 학생들의 대학 면접 등 스피치는 곧 생활이다. 자신이 먼저 발 벗고 변하면 자신의 인생도 움직인다. 즉 자신이 서게 될 회사의 위치, 가정의 위치, 개인의 위치가 달라진다. 우리가 명품이 될 건지, 길거리 표가 될지는 오로지 선택의 몫이다.

인생을 움직이는 5가지 패턴을 만들려면,

심리적 불안감을 다스려라

사람마다 가지고 있는 불안 요소는 모두 다르다. 발표 불안, 대중공포증, 사회공포증을 가지고 있기도 하고 자신감 부족으로 가슴이 떨리거나 말을 하다 보면 머리 속이 새하얘진다 등의 심리적 불안감을 호소하기도 한다. 이런 문제점은 우리가 발표를 할 때 항상 우리를 두렵게 만드는 요소이다. 이를 해소하기 위해선 무엇이 필요할까? 심리적 불안감은 2가지 경우로 많이 오는데 호흡의 불안과 경험 부족이다. 사람의 호흡은 목, 가슴, 배로 하는데 안정된 호흡은 배에서 하는 복식 호흡이다. 안정적으로 호흡이 조절이 되면 말이 편안하게 나온다. 그리고 경험 부족은 무조건 겪어봐야 한다. 음식도 먹어본 사람이 그 맛을 알 듯이 발표도 해본 사람이 잘한다. 경험만큼 중요한 건 없다.

발음, 발성을 연습하라

스피치의 기본은 발음과 발성이다. 발음은 '정확한 소리'이고 발성은 '울림이 좋고 밝은 자신감 있는 소리'이다. 아무리 좋은 내용이더라도 발음이 꼬이고 자신감 없는 발성이 연출되면 상대방은 듣기가 싫어지고 딴짓을 하게 된다. "마이크 잡고 하면 되지 않냐"고 말하지만 마이크에서 나오는 소리가 부정확하게 들리면 오히려 더 듣기 싫다. 그리고 장소에 따라 마이크 사용은 제약이 따른다. 정확한 발음과 배에서 나오는 소리야말로 청중들에게 가장 자신감 있게 들리는 소리다. 좋은 목소리는 명료하고 깨끗한 맑은 음색으로 울림이 좋아 느낌이 풍부한 소리이다.

핵심을 먼저 말하라

"스피치에 두서가 없다"라는 평가를 받았다거나 간혹 삼천포로 빠지는 스피치를 하는 경우가 있다. 그런 경우는 논리적이고 체계적이지 못하기 때문에 그런 현상이 나온다. 스피치를 잘하기 위해선 구성법이 있다. 2단(처음 – 끝)과 3단(서론 – 본론 – 결론), 4단(기 – 승 – 전 – 결), 몬로의 5단 구성법(주위 환기 – 필요 제기 – 해결 제시 – 해결의 구체화 – 행동

촉구) 같은 방법들이 있다. 그 중에 가장 기본 구성법은 3단이다. 3단만 잘해도 말은 체계적이고 짜임새 있게 보인다. 그리고 내용을 전달할 때는 항상 두괄식으로 핵심키워드부터 먼저 말해라. 그러면 쉽게 청중들을 자신의 편으로 만들 수 있다.

생활 속의 스피치를 습관화하라

아무리 좋은 스피치라도 생활 속에 접목이 안되면 절대 효과를 볼 수 없다. 좋은 행동을 습관화 시키고 싶으면 생활 속에 접목을 시켜야 한다. 특히 자신이 부족한 스피치 습관을 생활 속에 활용하여 연습해 보는 것이다. 생활 속에 활용을 못 하면 내공이 생기는데 한계가 있다. 그리고 첫 경험을 항상 가져야 한다. 사람들은 처음을 두려워한다. 하지만 생활 속에서의 첫 경험이야말로 대응력이 향상되는데 최고로 좋은 경험이다. 예를 들어 버스를 탈 때도 운전기사님에게 큰 목소리로 인사해 봐라. 그럼 생각지도 못한 자신감이 마음속에 생길 것이다.

실전같이 훈련하자

이왕 연습하려면 실전같이 해야 한다. 집중을 다해 최선의 노력을 다해야 결과물이 있기 마련이다. 그냥 건성으로 한다면 오히려 그 시간은 아까운 시간이 된다. 특히 스피치는 오랜 시간 고착이 된 거라 끊임없이 자신의 문제점을 인식하고 자신에게 동기 부여 및 피드백으로 인한 과정을 거치

앞의 5가지 패턴들만 자신에게 습관화시킬 수 있다면 멀지 않아 스피치와 친해질 수 있다. 또한 평생 말 잘하는 사람으로 기억될 것이다. 그런데 5가지 중 가장 힘들고 어려운 건 무엇일까? 발음, 발성 연습법이다. 10년, 20년 그 이상 고착된 것이 발음과 발성이다. 그래서 호소력 짙은 발음과 발성을 내는 것은 쉽지 않다. 목소리의 색깔을 낸다는 건 엄청난 시간과 노력, 꾸준함이 투자되어야 한다. 가장 쉽게 고칠 수 있는 것은 시선 처리, 약간의 목소리 크기, 자신감을 키우는 것이다. 이런 부분은 쉽게 완화되지만 발음과 발성은 쉽게 고쳐지지가 않는다. 사람이 가지고 있는 습관을 고치기엔 무한한 노력이 필요하기 때문이다.

스피치를 잘하고 싶으면 5가지 원칙을 한번 생각해봐야 한다. 스피치는 누구나 처음엔 어렵고 힘들다. 말재주가 없는 것은 고치기 불가능하다고 말한다. 하지만 스피치는 1%의 재능과 99%의 노력으로 만들어진다. 누구나 가능성은 있다. 단지 처음에는 무엇이든지 쉽지 않다. 세상엔 공짜가 없다. 스피치 능력도 노력한 만큼 얻어진다는 것을 명심해야 한다.

"노력이 곧 재능이다"라는 사실을 잊지 않으면 좋겠다.

연습 벌레가 돼라

공부를 잘하는 학생의 특징은 무엇일까? 예전 학습 코칭을 나갈 때 초, 중학교 선생님께 물어본 적이 있다. 선생님들의 말씀은 예나 지금이나 바뀐 게 없다.

그 방법은 첫 번째 예습과 복습이다. 오늘 공부한 내용은 집에 가서 다시 복습을 하여 자신의 것으로 만들고 미리 예습을 하는 자세, 또한 이의 반복적 학습은 공부의 기본 원칙이다. 스피치에도 복습이 아주 중요하다. 꾸준한 복습이 안되면 절대로 스피치 기술을 자신의 것으로 만들지 못한다.

그리고 두 번째 교과서라고 한다. 모든 공부엔 기본과 기초가 있다. 이런 기초를 정확하게 아는 게 바로 교과서가 아닌가 싶다. 스피치에도 다양한 책과 동영상 등이 있다. 자신에게 맞는 책을 선택하고 그것을 자신의 것으로 만드는 것이다. 그게 바로 자신을 이끌어줄 교과서이고 교본이 될 것이다.

그리고 마지막 세 번째는 집중이다. 할 때 제대로 안 하면 외우는 속도는 더뎌지게 마련이다. 그 시간에 집중하여 몰입을 해서 공부를 한다면 분명히 성과가 있을 것이다. 집중을 제대로 안 하니 시간이 남들보다 더 걸리는 것이다.

스피치도 마찬가지다. 스피치를 제대로 공부하고 싶으면 앞의 기본 3가지 방법을 반복해라. 오늘 공부한 것을 꼭 예습과 복습해야 한다. 그리고 할 땐 제대로 해야 한다. 또한 3가지 방법을 업그레이드 시키는 방법은 반복적으로 연습하는 것이다.

연습은 장소불문하고 해야 한다

스피치에 대해 관심이 있고 필요성을 느끼고 있는 사람들은 많다. 사실 바쁜 일정 속에 스피치를 위해 따로 연습을 하기란 쉽지 않을 것이다. 특히 발음과 발성을 연습하기는 쉽지 않다. 연습을 하고 싶어도 주변에서 "시끄럽다. 옆집에 피해 준다" 라고 말하니 더 어렵게 느껴진다. 그리고 때론 아파트에 민원이 들어왔다고 하는 사람도 있고, 자녀들 공부 방해를 했다는 이야기도 있었다. 미처 시간을 못 내는 기업 대표에게 추천한 방법은 화장실에서 신문사설 읽어 보기였다. 처음에 연습을 하려니 망설여지기도 했지만 3주 정도 지나니 목소리에 자신감이 붙었고, 말의 속도, 멈춤, 정확한 발음이 되는 등 많이 변화가 있었다고 했다. 이런 연습 방법은 화장실에서도 가능하다. 화장실은 자신만의 공간이다. 그러다 보니 더 집중이 되고 누구에게도 방해가 되지 않는다는 생각에 심리적인 부담감도 덜했다고 한다. 이런 방법 말고도 한강 다리에서 큰 목소리로 책을 읽는다든가, 다양한 주제로 스피치를 해보는 것도 좋은 연습 방법이다. 주변 뒷산에 가서 크게 말해보는 것도 좋다. 연습도 자신만의 패턴이 있는 것이다. 자신의 실력을 편안하게 향상시켜주는 공간이 있다면 그야말로 환상적인 장소가 될 것이다. 결국 스피치는 연습만이 살길이고 연습을 하느냐 안 하느냐에 따라 분명히 실력은 비례하고 패턴을 찾기에 이보다 더 좋은 방법은 없다.

스피치의 기본은 싯다운 스피치에서 시작한다

싯다운 스피치에 가장 적합한 인물은 누구일까? 박근혜 대통령을 손꼽고 싶다. 안정적인 저음의 목소리 톤과 교양 있는 단어들을 적절하게 선택해 핵심에 다가가며 싯다운 스피치에 가장 좋은 예를 보여 준다. 그리고 그와 반대의 느낌을 주는 싯다운 스피치도 있다. 강호동의 무릎팍도사가 그 예다. 상대방의 고민을 들어주고 풀어주는 프로그램의 진행자답게 상대방의 의견을 잘 들어주고 시기적절하게 맞장구에

쳐주며 다양한 이야기들을 끌어내는 솜씨가 일품이다. 이런 싯다운 스피치는 상대방과 가장 친밀한 거리에서 진행되기 때문에 감성적으로 편안하게 다가가면 더욱더 좋을 결실을 맺을 수 있다.

싯다운 스피치의 패턴은 경청과 질문, 맞장구에서 나온다

싯다운 스피치는 일상적인 대화에서 시작한다. 대화가 자연스러워야 싯다운 스피치가 아주 편하게 다가온다. 서로 감정을 나누고 그 사람이 무엇을 원하는지 서로 알기 위해 부단히 노력하는 스피치이다. 이런 싯다운 스피치의 경우 분명한 패턴을 알아야 보다 쉽게 스피치를 할 수 있고 의견 충돌도 안 생기는 유쾌한 스피치가 된다. 그 방법은 바로 경청과 질문, 맞장구에서 나온다. 특히 거리가 가깝게 이루어지는 스피치이다. 그러다 보니 상대방의 감정과 기분까지 이해해 주면서 진행해야 싯다운 스피치를 잘할 수 있다.

삼성의 인재상의 대표적인 덕목은 '경청'이란 글귀다. 회의나 현장의 모든 상황에서 적용되는 덕목이라고 한다. '남의 말을 들어라'가 삼성에서 핵심적으로 가르치는 교육이다. 그리고 미국의 한 유명한 금융전문가가 이런 말을 했다. "내가 아는 성공적인 사람들의 대부분은 말하는 것보다 더 많이 듣는다!" 이런 말은 주변에서 우리가 아주 쉽게 접하고 듣기도 한다. 싯다운 스피치에 아주 중요한 패턴은 경청이다. 그리고 그것을 효과적으로 나오게 하는 건 질문이자 맞장구이다.

스탠딩 스피치의 패턴은 자신감 있는 모습에서 나온다

스탠딩 스피치는 좀 더 체계적이고 논리적으로 청중들에게 다가가는 스피치이다. 히틀러, 처칠 수상이 스탠딩 스피치의 달인이기도 하다. 이런 스탠딩 스피치는 원고를 토대로 기승전결의 구조화된 스피치를 구사해야 한다. 그러나 아무리 훌륭한 원고라 해도 자신감 있는 모습이 안 보이면 스탠딩 스피치는 실패한다.

2013년 USA투데이와 갤럽이 '올해 가장 존경하는 인물'에 대해 미국 성인 1,038명을 대상으로 여론조사 했다. 그 결과 올해 가장 존경하는 남성은 오바마 대통령, 여성으로는 클린턴 전 장관이 1위에 올랐다고 밝혔다. 오바마 대통령은 5년 연속 가장 존경 받는 남성으로 뽑혔으며 클린턴 전 장관이 여성 부문에서 무려 11년 연속 1위를 차지하는 대기록을 세웠다고 한다. 클린턴은 빌 클린턴 전 대통령의 퍼스트레이디 시절부터 줄곧 1위를 독식하고 있다. 그렇다면 이 두 사람의 공통점은 무엇일까? 바로 대중 앞에서 스피치를 당당하게 자신감 있게 때로는 여유롭고 편안하게 한다는 것이다. 스탠딩 스피치는 많은 대중 앞에서 하는 경우가 많다. 많은 대중 앞에서 해야 하는 스탠딩 스피치는 싯다운 스피치보다 부담이 클 수도 있다.

스탠딩 스피치를 '대중 스피치'라고 이야기하는 것은 이 때문이다. 즉 스탠딩 스피치는 자신감이 가장 중요한 요소이다. 스탠딩 스피치에서 보여줄 수 있는 자신감은 무엇일까? 바른 자세를 시작으로 스피치를 구사해야 한다는 것이다. 스탠딩 스피치는 스피커의 모든 것을 보여주어야 하는 스피치다. 이런 스탠딩 스피치에는 무게감이 있어야 하는데 그 무게감은 바로 자신감에서 비롯된다.

스탠딩 스피치 = 표정 + 시선 + 목소리 + 내용 + 제스처

표정의 자신감, 시선의 자신감, 목소리의 자신감, 내용의 자신감의 순으로 골고루 전달이 잘 되어야 스탠딩 스피치를 잘할 수 있다. 여기에 제스처까지 제대로 보여줄 수 있다면 우리 역시 명스피커가 될 수 있다. 오바마와 힐러리가 스탠딩 스피치의 좋은 예이다. 이 두 명의 명사는 때론 강한 목소리로 장단고저를 표현해 목소리의 힘을 싣고 대중들을 골고루 보는 시선 처리, 말의 내용에 따라 보여주는 표정과 제스처 이 모든 것을 자신감 있게 하는 종합 스피치의 결정판이라 해도 과언이 아닐 것이다. 현재 모든 스탠딩 스피치를 구사하는 사람들이 목표이기도 하다. 이런 스탠딩 스피치의 기본 패턴은 분명 싯다운 스피치와 다르다는 것을 알아야 한다. 대부분 사람들은 스피치가 다 똑같은 스피치가 아니냐는 식으로 말하지만 분명 차이가 있다.

싯다운 스피치 vs 스탠팅 스피치

스피치의 종류를 크게 두 가지로 나누는 데 싯다운 스피치sit Speech와 스탠딩 스피치standing Speech가 있다. 쉽게 표현하면 싯다운 스피치는 앉아서 하는 스피치이고 스탠딩 스피치는 서서 하는 스피치다. 이런 스피치는 주변 분위기와 영향력, 그리고 말하는 주체에 따라 차이가 있기 때문에 요구되는 능력도 차이가 있다.

- 싯다운 스피치 : 일상적인 대화, 토론, 1:1상담, 좌담, 토크쇼
- 스탠딩 스피치 : 연설, 프레젠테이션, 강의, 연극, 설교

이런 싯다운 스피치와 스탠딩 스피치에서 우리가 알아야 할 가장 중요한 것은 무엇일까? 그것은 바로 거리다.

> 싯다운 스피치 : 50cm~2m
> 스탠딩 스피치 : 4m~10m

참 이상한 점은 싯다운 스피치를 탁월하게 잘하는 사람이 스탠딩 스피치에 약한 모습을 보이는 경우가 있다는 것이다. 반면에 스탠딩 스피치는 자신감 있게 잘하지만 싯다운 스피치에 어려워하는 경우도 있다. 훌륭한

스피치는 말만 하는 게 아니라 상황에 맞게 할 줄 알아야 유능한 스피커이다.

이런 싯다운 스피치와 스탠딩 스피치에 요구되는 능력은 차이가 있는데 목소리(음량, 음폭, 음질, 음색), 그리고 말하는 스타일, 표정, 제스처, 내용의 전달력 등에서 분명하게 차이가 있다. "이 자리에서 여러분과 나눌 얘기는 한 해를 마무리하고 다가오는 새해엔 어떻게 하면 발전할 수 있는가에 대해 의견을 나눠보기로 합시다"라고 할 때 싯다운 스피치는 어떤 식으로 진행이 될까? 서로 편안하게 대화를 나누는 느낌으로 제스처라든가 표정, 목소리 톤에 그리 신경을 많이 안 써도 될 것이다. 하지만 이 내용을 가지고 스탠딩 스피치를 한다 생각해 봐라. 진지한 표정과 호소력 있는 목소리로 전달을 해야 할 것이다. 그러려면 시선과 표정, 목소리도 크게 해야 하고 자신감 있게 강약을 조절해야 한다. 그리고 무게감 있는 제스처까지 강하게 어필하지 못하면 청중들이 그 문제에 대한 심각성을 알지 못하고 집중하지 못할 것이다.

의식을 정복하는 순간
패턴이 보인다

생각이 바뀌면 행동이 바뀌고

행동이 바뀌면 습관이 바뀌고

습관이 바뀌면 성격이 바뀌고

성격이 바뀌는 순간 스피치도 바뀐다.

토론토 연구보고서에서 '세상에서 가장 큰 공포'란 주제로 조사를 한 적이 있다. 조사한 내용은 그래프와 같다.

이 공포는 서양이나 동양이나 일맥상통하는 내용일 것이다. 사람은 일상적인 대화는 누구나 가능하며, 쉽고 편하게 할 수 있다. 하지만 대

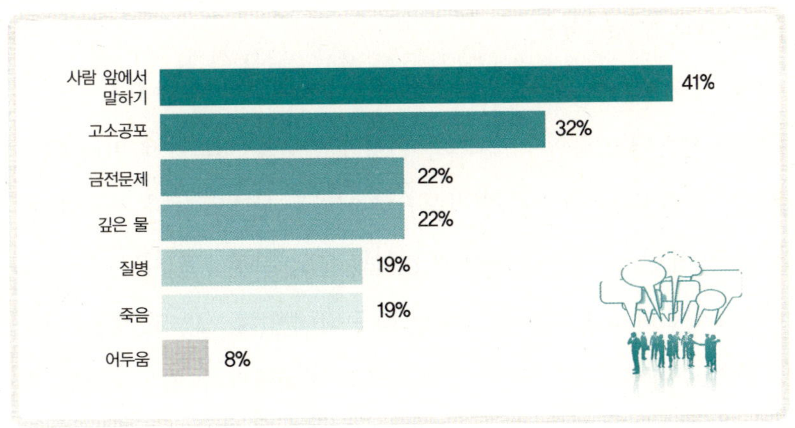

조사 자료 : 토론토대학 연구보고서

중 앞에서 말하기란 그리 쉽지가 않다. 그렇다면 대중 앞에서 공포를 해결할 수 있는 방법은 무엇이 있을까?

그것은 발표 불안을 없애는 것이 아니라, 불안하게 하는 요인에 익숙해져서 길들여지게 만드는 것이다. 매 순간 경험하여 이를 토대로 자신의 아쉬운 점을 알고 당당하고 자신감 있게 해야 한다. 이런 발표 불안을 해소하기 위해선 호흡 조절이 가장 중요하다. 호흡이 안정적으로 가면 말은 쉽게 나오기 마련이다. 그리고 다양한 경험을 하게 되면 심리적 안정감이 생긴다. 말을 잘하기 위해선 우선 어떤 방법을 쓰든 불안감을 해소하는 게 급선무다.

모든 문제의 원인은 나다!

스피치가 어려운 건 도대체 무엇이 문제인가? 그건 바로 자기 자신으로부터 시작되는 것이다. 스스로 어떻게 마음을 먹느냐에 따라 말은 분명히 달라진다. 사실 자기 자신만큼 어려운 상대도 없다. 몸에 배어든 습관, 체면, 고정관념, 선입견, 편견, 아집, 부정적인 사고, 자존심, 미약한 행동력 등을 버리기 위해선 행동 밖에 없다. 오늘도 행동! 내일도 행동을 해야 한다. 자신의 말과 성격을 변화시킬 수 있는 유일한 방법은 자신의 생각을 바꾸고 행동으로 옮겨 리모델링을 해야 한다. 자신의 허물을 벗기고 부서뜨리는 순간 불안감은 해소가 될 것이며 새로운 사람으로 탄생할 수 있다.

사람은 3가지의 불안으로 스피치를 어려워하는 경우가 많다. 성격적인 불안, 상황적인 불안, 경험적인 불안으로 크게 나누어 볼 수 있는데 이런 불안은 누구나 갖고 있고 느껴본 사례이기도 하다. 스피치를 배우는 대부분의 사람들은 나이 타령, 표현력 부족, 성격 소심으로 스피치가 어렵다고 한다. 그러나 달리 말해 이런 불안은 누구에게나 있고 이걸 견뎌내는 사람이야말로 훌륭한 스피커가 될 수 있다.

한 건설사의 감리사를 코칭한 적이 있다. 감리사의 고민은 매번 입찰을 할 때마다 나이가 있다 보니 자신감이 많이 부족한 것이 치명적인 약점이었다. 현장 경험에서는 그 누구에게도 지지 않았지만 늘 자신감이 부족했다. 다른 것도 아닌 자신감이 없어 매번 실패한다면 얼마나 자기 자신이 초라해지는가? 그러나 그런 불안 요소적 환경을 만들어 끊임없는 연습으로 경험을 쌓으니 입찰이 되어 승진의 기회까지 얻었다.

매번 강조하지만 처음엔 누구에게나 어려운 것이 스피치다. 거기에 스피치 경험이 부족하다는 생각이 덧입혀져 프레젠테이션 할 때도 자신감이 결여되는 것이다. 스스로 스피치에 장애가 되는 피해망상적 생각을 과감히 버려야 한다. 누구나 불안감을 갖고 스피치에 임한다. 이런 불안감은 대통령, 명강사, 기업 사장, 개그맨 등 그 누구나 불안감을 가지고 있다. 가수들 사이에서도 인정을 받는 인순이도 처음에 무대에 섰을 때 앞이 하얗게 보였다고 한다. 누구나 처음엔 긴장하고 어려워한다는 것이다. 결국 스피치는 누가 빨리 불안을 극복을 하느냐에 따라 달라진다. 발표 불안을 극복을 하려면 방법이 있는데 그건 불안에 대해 인정을 해야 한다는 것이다. 인정으로 하고 자신을 변화 시킬 수 있는 방법을 모색해야 한다. 인정하는 순간 세상이 여유롭게 보이리라.

스피치의 3가지 불안

❶ 성격적인 불안 : 소심, 수줍음, 완벽주의, 예민한 성격, 정신적 흥분

❷ 상황적인 불안 : 청중의 수준, 권위, 지위가 자신보다 높은 사람 앞에 설 때, 앞뒤에 능숙한 스피커가 있을 때, 내 순서가 다가올 때, 준비 부족

❸ 경험적인 불안 : 과거 발표를 하다가 실패한 경험

이런 심리적 불안에 대해 인정해야 한다. 하지만 쉽지 않은 일이다. 이런 증상들이 비단 자신의 것이라고 생각하지만 모든 사람에게 똑같이 일어나는 현상이다. 즉 이런 생각을 버리고 "인정"부터 하고 들어가라. 그래야 마음이 가벼워진다. 마음을 가볍게 만들어야 입이 즐거워진다.

의식부터 정복하라

발표 불안을 느끼는 사람들은 항상 말할 상황이 되면 피하거나 다음으로 미루며 그 상황을 모면하려고 한다. 이런 작은 습관들이 쌓이면 자신의 발표 불안은 나날이 심각해지고 때론 울렁증까지 생기는 아주 심각한 지경에 이르게 된다.

발표 불안을 해결하기 위해선 자신의 잠재된 의식을 깨워야 한다. 우선 무조건 부딪혀야 한다. 스스로 체면을 걸어라. 이런 자리를 피하면 피할수록 당신은 패배자가 될 거라는, 떨려도 해야 하고 부끄러워도 해야 하고 망신을 당해도 해야 한다. 스피치는 그러면서 성장을 하는 것이다.

처음부터 잘하는 사람은 없다. 스피치가 어렵다고 느껴진다면 경험부터 쌓아라. 이런 경험을 소중히 여기면서 자신에게 부족한 것을 찾아가야 한다.

인지심리학에서 몸으로 익힌 동작순서가 뇌에 기억되고 자신도 모르게 자동화되면서 익혀지는 기억이다. 이것이 바로 절차적 기억이며 반복적 학습으로 자신의 몸에 익숙하게 만드는 패턴이기도 하다.

말을 잘하고 싶으면 가장 쉬운 방법은 자신에게 먼저 말을 걸어보는 것이다.

그러면서 의식적으로 해보는 것도 아주 좋은 것이다. 모든 일은 처음이 힘들다. 처음에 무조건 시도를 해야 한다. 그러면 달라지는 자신의 모습을 발견할 것이다.

● 아침 출근길에 만나는 사람마다 큰 목소리로 "안녕하세요" "좋은 아침입니다"라고 말을 걸어라. 그럼 자신도 모르는 유쾌함을 느낄 것이다. 발표는 부끄러움에서 나온다. 이런 부끄러움을 인사로써 한방에 날려보는 것이다.

● 조직 내에 회의나 발표하는 자리가 생기면 피하지 말고 꼭 참석을 해보는 것이다. 그리고 말 한마디를 해보는 것이다. 못했다고 자책할 필요는 없다. 시작이 반이다. 그리고 할 말이 있을 경우 메모를 해서 준비를 해두는 것도 좋은 방법이다. 그러면 쉽게 까먹지도 않고 내용이

우왕좌왕하지 않을 것이다.

- 발표 불안을 인정하는 것이다. 누구나 발표 불안은 있다. 단지 표현을 안 할 뿐이다. 처칠은 연설을 할 때 청중들이 팬티만 입고 있다고 상상을 했다. 청중들을 재미있고 유쾌하게 상상해라. 그러면 마음도 편안해진다.

- 중간에 포기를 하면 안된다. 발표 기회가 왔을 때 망설임 없이 나간다. 그리고 사람들의 시선을 피하려 하지 말고 당당하게 보고 말하도록 노력한다. 내용이 짧든 길든 끝까지 해보고 들어온다. 이게 스피치의 발전의 시작이다. 하지도 않고 고치기란 어렵다. 즐기는 순간 말은 하고 더 하고 싶어진다.

- 발표가 끝나면 꼭 자신에게 피드백을 한다. 처음엔 아무 생각 없이 다들 스피치를 한다. 그러나 무의식적인 스피치는 불필요하다. 자신의 문제점을 찾으려고 노력을 해야 한다. 자신의 문제점을 잘 모르겠다면 동료, 가족, 친구들에게 물어본다. 그러면서 하나 둘 자신의 단점을 찾아 발표 불안을 해결해 나아가야 한다.

스피치 공포에서 탈출하는 4가지 비밀

스피치에 공포를 느끼는 사람들은 얼굴로 먼저 나타난다.

남들 앞에서 서니 얼굴이 빨개지고 목소리가 떨리고 앞에 나서기만 하면 무슨 말을 할지 횡설수설하는, 머리 속의 모든 것이 새하얘지는 증상이 나타난다고 한다. 아무 생각도 안 나고 식은 땀이 흐른다고 한다. 대부분 사람들은 무대 공포증을 느낀다.

이런 무대 공포증을 해소하기 위해 자기 집을 스피치 무대 공간으로 만들어 직접 연습한다는 직장인도 있었다. 집을 실제 발표 공간과 비슷하게 직접 연단까지 만드는 노력까지 서슴지 않았다. 그리고 청중으로 가족들 앞에서 연습을 한다는 것이다. 사실 가족들 앞에서 이런 연습을 한다는 것 역시 쉬운 일은 절대 아니다. 하지만 가족들에게 훌륭한 피드백을 받은 스피커는 어느 상황에서든 스피치를 잘할 수 있는 경험을 쌓을 수 있다. 이렇게 연습한 학생은 명스피커가 됐다. 공포를 탈출하기 위해선 피하지 말고 즐겨라. 스피치는 "내 친구다"라고 생각하는 것이 출발점이 된다. 의식 정복 비법은 우리에게 주는 시사점이 많다고 본다.

- 의식 변환이 있어야 한다

  자신에게 체면을 걸어라. 언젠가는 공포증을 없앨 수 있다.

  무대 공포증을 극복하기 위해 작은 것부터 실행해 나가라.

- 큰 거울 앞에서 말하라

  자기 자기를 향해 당당하게 설교를 해라. 본인에게 말을 해도 조금도

떨림이 없이 당당하다면 가족 앞에서 실행해 보라. 이후에 조금씩 대중 앞에 서라.

● 누구나 무대 공포증이 있다

가수나 웅변가들도, 제 아무리 연설을 잘하는 사람도 무대에 설 때마다 떨린다.

● 성공하려면 지금부터 실행하라

많은 사람들이 자기를 진단할 줄 안다. 그러나 문제점을 찾아 고치고 그것을 수정해 실행하는 사람은 극히 적다. 당장 유행가 가사라도 한 곡 외워 거울 앞에서 실행해 보라.

무대 공포증을 극복한 수많은 사람들이 한결 같이 하는 말은 '막상 해보니까 예상했던 것만큼 힘들지 않았다' 는 것이다. 지금 한 번 실천해 보는 것이 중요하다.

변화를 대놓고 즐겨라

2007년 '미스 리틀 선샤인' 으로 아카데미 남우조연상을 수상한 배우 알란 아르킨Alan Arkin이 있다. 2007년도 그의 나이는 73세였다. 73세의 나이에 열정을 다해 무엇인가를 하기란 쉽지 않을 것이다.

사람은 성장하고 있거나 썩어가고 있거나, 둘 중 하나이다. 중간은 없다.

가만히 서있으면 썩어가고 있는 것이다.

_배우 알란 아르킨

알란 아르킨은 나이가 중요한 것이 아니라고 했다. 사람은 끊임없이 성장을 해야 하는데 그러기 위해선 항상 변화를 주고 움직이라고 했다. 그만큼 변화는 중요한 화두이다. 기업이 변화가 없으면 망하듯 사람도 변화가 있어야 한다. 스피치에 관심을 가졌다는 것은 바로 변화를 알고 변화를 대처하려고 노력한다는 부분이다.

스피치를 배우는 목적은 사람마다 다양하다. 그러나 중요한 것은 자신이 가지고 있는 아쉬운 요소들을 찾아 스스로 변화를 주고 스스로 움직이는 순간 달라진다는 것이다. 배운 것을 조금만 생활 속에 응용하면 달라진 자신의 모습을 쉽게 볼 수 있다.

스피치를 공부하는 사람 중 대다수가 자신의 세세한 변화를 전혀 알지 못한다. 첫술에 배가 부르지 않는다는 것을 잊지 말아야 한다. 스피치를 하면서 자신에게 부족한 게 무엇인가 생각하고 이를 통해 고쳐 나가야 한다. 스피치의 변화는 자신의 부족한 점을 찾아 알아가는 것이 시작이다. 자신에게 무엇이 부족한가를 안다는 건 그리 쉽지 않다. 그러기 위해선 자신의 문제점을 좀 더 면밀하게 찾아야 한다.

많은 사람들이 스피치를 잘하는 사람들에겐 특별한 노하우가 있을 거라 생각한다. 하지만 절대 아니다. 물론 스피치에 대한 방법에 대한 노하우는 있겠지만 그것은 너무도 평범하고 일반적인 것이다. 명심해야 한다. 잘하는 사람들의 스피치는 그들의 땀방울에서 시작됐다는 사실을.

잘못된 생각을 버려야 말을 잘할 수 있다. 이런 생각은 누구나 갖고 있다. 스피치를 할 때 잘못된 원인을 알면 쉽게 변화를 줄 수 있다. 원인을 찾기 위해서는 다양한 관점에서 생각해 봐야 한다.

그러나 이런 원인은 누구에게나 보이는 현상이다. 사람들은 이렇게 생각한다. "나만 그렇다"고. 하지만 이 역시 잘못된 생각이다. 말 잘하는 사람들은 가만히 앉아 말을 잘하는 게 된 것이 아니다. 매 순간 많은 노력과 연습이 있었기에 그 사람을 만들어 낸 것이다.

말하는 사람에게 원인이 있을 때

- ✓ 태도가 불성실하고 거만하게 느껴진다.
- ✓ 자신감이 없으며 수줍어한다.
- ✓ 말하는 내내 청중의 눈치를 보면서 말한다.
- ✓ 너무 겸손하고 사무적으로 말한다.
- ✓ 청중과의 눈을 못 마주친다.
- ✓ 자연스러운 맛이 없다.

말하는 사람의 태도, 음성, 감정의 원인이 있을 때

- ✓ 사투리가 너무 심하다.
- ✓ 너무 말이 빠르고 발음이 분명치 않고 말끝을 흐린다.
- ✓ 감정이 빈약하고 청중에게 민감하게 생각한다.
- ✓ 표정이 없다. 정서가 메말랐다.
- ✓ 뒷손, 앞손 자세로 말하고 어깨와 손에 힘없이 말한다.
- ✓ 제스처가 부족하거나 너무 많은 제스처를 쓴다.
- ✓ 솔직하게 마음을 털어 놓지 않는다.

말하는 내용의 원인이 있을 때

- ✓ 유식한 말을 쓰고 문법이 맞지 않는다.
- ✓ 듣는 사람이 무엇을 원하는지 고려하지 않고 말한다.
- ✓ 주제와 상관없이 혼자 제멋대로 말한다.
- ✓ 주제가 빈약하고 요점이 분명치 않다.
- ✓ 내용이 없고 추상적이고 평범하다.
- ✓ 주제가 갑자기 바뀐다.
- ✓ 쓸데없이 사설이 많고 일관성이 없다.

성공하는 최면을 걸어라

우리 사회에 마음의 평화를 주는 스님, 혜민 스님. 아나운서가 물었다. "말 잘하는 방법이 무엇인가요?" 스님은 이렇게 답했다. "말을 잘하고 싶으면 나에게 최면을 걸 필요가 있다"

"최면" 대부분 사람들은 최면이라 하면 잊었던 과거를 되찾게 하는 방법이라고 생각하는 사람들이 대다수이다. 스피치에 왜 최면을 걸어야 잘할 수 있을까?

제프리 차이그Jeffrey Zeig 박사의 최면 치료가 있다. 최면 치료에서 무의식 수준의 최면을 걸지 않고 의식 수준에서 최면을 거는 것이 아주 효과적이라고 한다. 우리가 만약 발표를 잘해야 하는 상황을 만났다면 의식 수준에서 바로 발표를 잘하는 사람이 되었다고 생각해 보면서 어떤 표정을 지을지, 어떤 말을 할지를 생각하고 자신이 마치 그렇게 된 것처럼 표현을 하고, 긍정적인 이미지를 내면화하는 작업을 하는 것이다. 보통 사람들이 하는 긍정적인 상상을 좀 더 정교화 한다고 생각하면 된다. 이런 방법을 '스피치 최면 치료' 라고도 한다.

"나는 안 돼, 난 원래부터 말도 못하는 사람이야, 난 너무 긴장돼"라고 생각해 봐라. 말하기 전부터 지레 겁먹은 상태인데 스피치가 잘 되겠는가? 한 번 품은 부정의 마음이 우리 마음속에 깊숙이 잠재되면 결정적인 순간에 나오게 마련이다.

자신의 마음 한 구석에 들여진 부정적 그늘을 긍정의 빛으로 걷어내야 한다. 그래야만 자신의 없던 능력까지 나오게 할 수 있다. 스피치를 잘하고 싶으면 시시때때로 긍정의 최면을 걸어라.

'나는 프로다, 나는 자신감이 있다. 나는 할 수 있다'라고 거듭 생각해라. 그러는 순간 우리는 자신감 넘치는 프로가 된다.

무하마드 알리도 항상 자신에게 "나는 세계 최고다"라고 말했다고 한다. '세계 최고다'라고 자신에게 최면을 거니 진짜 세계 최고가 되지 않았나 싶다. 자신감이 떨어지는 순간, 자신에게 최면을 걸어라. 그러면 성공에 한 걸음 가까워진다.

무조건 3가지를 버려라

스피치는 감정 조절이 아주 중요하다. 감정 조절을 잘하기 위해서 여유가 있어야 한다. 그런 여유는 경험이라는 중요한 무기가 있어야 한다. 경험을 통해 매번 청중들을 분석을 하여 스피치를 자연스럽게 즐겨야 한다. 경험을 즐기는 사람들은 스피치를 할 때 감정 조절이 쉽게 되는데 그 중에서 우리는 3가지의 마음을 버려야 감정 조절이 아주 잘 된다.

- 비교하는 마음
- 분석하는 마음
- 부정적인 마음

첫 번째, 비교하는 마음이다. 우리는 발표를 할 때 다른 사람과 비교를 자주 한다. 그러다 보니 앞 사람을 신경 쓰고 발표한다. 앞 사람이 너무 발표를 잘하면 더 잘하고 싶고, 완벽하게 발표를 하려고 하는 마음 때문에 더 부담이 된다. 절대 비교를 하면 안된다. "그 사람은 그 사람이고 나는 나다"라는 마음을 가져야 한다.

두 번째, 분석하는 마음이다. 연단 앞에서 스피치를 하면 청중들에게 시선이 가기 마련이다. 청중들이 자신의 이야기를 즐겁게 보고 흐뭇하게 바라보면 얼마나 행복할까? 하지만 현실은 그렇지 않다. 하품을 하는 청중이 있을 수도 있고, 서로 잡담하는 청중도 있고, 자신의 이야기를 팔짱을 끼고 째려보는 청중도 있다. 그런 청중을 보면 "내 이야기가 재미없나? 지루하나?" 라는 생각으로 스스로에게 부담을 준다. 청중들은 어떤 생각을 하고 있을까? 그러나 사실은 청중들은 그런 생각을 안 할 가능성이 훨씬 더 많다. 새벽까지 회식을 해서 피곤한 청중일 수도 있고, 지금 아니면 못할 정도로 중요한 이야기 때문에 급하게 얘기하는 것일 수도 있고, 원래 그 사람 듣는 스타일이 그럴 수도 있는 것이다. 그러니 청중들을 분석하기 앞서 이야기를 자신감 있게 하는 것이 더 중요하다.

세 번째, 부정적인 마음이다. 누구나 발표를 할 때 긴장하기 마련이다. 발표하기도 전에 "내가 어떻게 해?" "청중이 100명이다" "나는 못해 힘들고 어려워" "준비도 못했어"라는 생각을 많이 가진다. 이런 감정은 누구나 가질 수 있다. 하지만 그런 마음을 갖기보다 '나는 할 수 있다' '못할게 뭐 있나? 라는 긍정의 에너지를 가져야 한다. 이런 마음은 마음을 편안하게 만들어 주고 스스로에게 여유를 준다.

The Great Speech

2부

제대로 마음을 얻는
패턴 스피치

문제점을 찾지 말고 해결점을 찾아라
헨리 포드

"말"이라고 똑같은 말이 아니다. 열 마디를 해도 쓸모 없는 말이 있고, 단한마디만으로도 사람을 뒤흔드는 말이 있다. 말에도 하지 말아야 할 말이 분명 있다. 즉 사람의 마음을 얻으려면 제대로 된 말이 필요하다. 스피치에는 정답이 너무 많다. 말 하는 장소, 만나는 사람들의 기호 등 처해진 상황 속 경우의 수만큼 정답이 있다. 그래서 말을 할 때마다 방법을 달리해야 하므로 정답은 달라진다. 그러나 사람의 마음을 얻는 것에는 정답도 규칙도 없다. 단 한 가지만 명심한다면 의외로 사람의 마음을 얻는 것은 쉬운 일이다. 그것은 바로 제대로 된 말 한마디에서 시작한다는 것을 명심해야 한다.

마음을 움직이는
말의 한 수

- **전달력 [傳達力]** : 생각이나 말 따위를 남에게 전달하는 능력
- **표현력 (表現力)** : 생각이나 느낌 따위를 언어나 몸짓 따위의 형상으로 드러내어
  나타내는 능력

스피치에서 전달력과 표현력은 아주 중요하게 작용한다. 청중들에게
혼을 담아 스피치를 해도 시선과 목소리, 제스처 같은 부분이 제대로
안된다면 마음을 얻기란 쉽지가 않다. 전달력과 표현력을 높이기 위한
방법으로 노래, 춤, 웅변을 꼽는 경우가 많다. 그 중에서도 노래를 부
를 때 청중을 사로잡으려면 그 노래에 맞는 전달력과 표현력이 있어야
한다. "나는 가수다"로 인기를 얻은 박정현의 인기 비결은 바로 그 노
래를 해석하는 전달력과 표현력이라고 생각한다. 분명 노래에도 기승

전결이 있다. 스피치도 마찬가지이다. 기승전결을 멋지게 만들어 주는 게 표현력이자 전달력이다. 상황에 맞는 느낌과 제스처를 써서 청중에게 감동을 줘야 사람의 마음을 울리게 만들 것이다. 처음부터 표현하는 능력이 좋은 사람도 있겠지만 부족한 사람도 있다. 표현력은 자신감이자 스피치의 절정을 가져다 주는 꽃이다. 자신감이 없으면 표현력도 당연히 떨어지게 된다.

신은 마음을 사람은 겉모습을 먼저 본다

대부분의 사람들은 사람의 겉모습을 중요하게 생각한다. 사람을 볼 때 가장 먼저 보는 것이 바로 얼굴이다. 우리는 이런 것을 이미지라고 말하기도 한다. 보여지는 이미지로 어떤 사람인지 판단하는 경우가 많다. 미팅, 면접, 업무, 발표 등 말하기 전 스피커는 자신의 이미지를 먼저 갖추는 것이 아주 중요하게 작용한다. 이런 보여주는 이미지가 청중에게 주는 전달력은 아주 크다.

미국의 한 대학에서 실험을 했다. 다양한 사람들의 사진을 보여 준 후 실험자들을 통해 호감도, 매력, 신뢰도, 능력 등에 대한 평가를 하는 실험을 진행했는데 놀랍게도 실험자들이 평가를 하는데 걸린 시간은 단 0.1초에 불과했다고 한다. 10분도 아닌 0.1초. 사람들은 대부분 순간의 찰나에 사람에 대한 평가를 결정한다는 소리다. 또한 사람을 평가하는데 첫 인상이 차지하는 비율이 80%나 차지한다고 한다. 게다가 한 번 결정된 첫 인상은 40번을 넘게 만나야 바뀐다고 한다. 청중들은 분명 당신의 겉모습으로 당신을 먼저 판단한다. 명심해라.

성공 스피커는 나오기 전부터 자기관리를 한다

자기관리에서 가장 중요한 것은 상황에 맞게 복장과 헤어스타일을 선택한다는 점이다. 신년회에서 발표를 한다고 가정해 보자. 슬리퍼 차림에 운동복을 입고 발표를 하게 되면 청중들이 발표자를 신뢰할 수 있겠는가? 장소에 맞는 복장과 헤어스타일은 있다. 그리고 미소가 빠지면 안된다. 미소도 관리를 해야 한다. 부담스런 표정으로 상대를 응시하면 청중들 역시 부담스럽게 느낄 것이다. 청중 앞에 나서기 전에 무조건 거울을 봐라. 그것이 기본 예의이다. 청중에 나서기에 앞서 자신의 마음부터 얻어라. 자신의 마음을 얻었다면, 더 이상 두려워할 필요가 없다.

청중 앞에 나서기 전에, 체크 사항

- 장소에 맞는 복장과 헤어스타일인가?
- 몸에 적절한 힘이 들어가 있는가?
- 자신감 있게 청중을 볼 수 있는가?
- 시선, 표정, 목소리에 여유가 있는가?
- 내용에 대해 어느 정도 이해가 되었는가?

스피치는 관리가 필요하다. 시작하기 전 자신의 복장, 헤어스타일, 자세, 인사, 미소, 시선 등 준비가 철저하게 되어 있어야 한다. 성공을 하려면 시간, 인맥 관리 등이 필요하듯 스피치 성공을 위한다면 자기 관리도 중요한 요소라는 것을 잊으면 안된다.

자세의 기술을 습득하라

누구나 말을 잘하고 싶어한다. 말을 잘하기 위해선 목소리, 제스처, 시선 처리, 표정 등이 중요하다. 하지만 상대방 앞에서 말을 잘하기 위해선 "자세부터 교정해라"라고 말해주고 싶다. 스피치엔 기본 자세가 있다.

단상 앞에 설 때 다리는 어깨 넓이만큼 벌리고 힘을 주고 서면 안정감 있게 보여진다. 시선은 15~20도를 주시하면서 몸 전체가 약간 앞으로 기울어지는 자세를 취하면 청중에게 다가가는 느낌도 줄 수 있다. 발바닥은 지면에 바짝 붙어 있어야 한다. 이런 자세가 안되는 스피커를 보면 자세가 불안해 보인다. 청중들이 스피커의 스피치에 집중해야 하는데 자세 때문에 불편해 스피치에 집중을 하지 못하게 된다.
그리고 목과 머리의 위치는 발성기관에 직접적인 영향을 준다. 그래서 너무 위쪽을 향해도 안되고 너무 아래쪽을 향해도 안된다. 앞에서도 말했듯이, 요즘 컴퓨터 영향으로 목을 쑥 빼고 말하는 경우를 자주 보게 된다. 그러다 보니 목에 무리를 주어 목이 아프든가, 목소리가 잘 안 나오는 경우도 있다. 어깨와 허리를 움츠리지 말고 바로 편다. 그러면 편안한 자세가 갖추어져 호흡을 들이마시기 불편함이 없다.

스피치 기본 자세는 스피치의 능력 향상에 기본 잣대가 된다. 모든 일에는 기본 원칙과 규칙이 있듯이 스피치에도 기본 자세를 지켜줘야 상대방에게 효과적으로 스피치를 할 수 있는 큰 원동력이 된다.

● 연단演壇 : 연설이나 강연을 하는 사람이 올라서는 단.
● 단상壇上 : 교단이나 강단 따위의 위에 놓인 책상, 사회대 따위를 말함.

청중 앞에 나서는 등단하는 법

스피치 할 때는 기본 예의가 있다. 연단에 등단하기 전에 복장을 점검하고 머리를 손질하며 단정한 모습을 보이도록 하고 스피치에 적합한 의상을 갖춰야 한다. 격식이 있는 곳에서는 정장, 편안한 자리는 굳이 정장을 하지 않아도 좋다. 특히 여성의 경우, 화려하고 야한 의상이나 액세서리로 인해 청중의 시선이 흐트러지지 않도록 유의해야 한다. 걸음걸이는 균형 있고 자신감이 있어야 하며 특히 인사를 할 때 마이크에 부딪치지 않도록 주의한다.

단상에서의 태도

인사를 한 후 바로 말을 시작하지 말고 자연스럽게 청중들을 훑어보는 것이 좋다. 스피커의 그런 행동은 청중들에게 여유 있게 보인다. 연단에서의 자세는 연단 중앙에 서야 청중이 보기에 자연스럽고 안정감이 있어 보인다. 그리고 단상과 몸 사이는 주먹 하나 정도의 거리를 유지하고 양발을 어깨 넓이 보다 약간 좁게 벌리는 것이 좋다. 그리고 엉덩이와 허리, 다리에 힘을 줘야 바르게 설 수 있다. 허리와 어깨를 곧게 펴고 머리를 똑바로 든 자세가 자신감 있어 보인다. 차렷 자세가 기본 자세며 약간 긴장되면 손을 단상에 가볍게 올려놓는 것은 무방하다. 하지만 단상을 너무 힘을 주고 잡거나 너무 오래 의지하지 않는 것이 좋다.

단상에서의 표정과 시선

스피치 할 때에는 잔잔히 미소를 지어주는 것이 안정적으로 보인다. 그리고 진지한 표정과 정중한 자세를 취하면서 살짝 미소를 머금은 표정은 청중에게 편안함을 준다. 얼굴 표정은 스피치 내용과 상황에 따라 적절히 바꾸어 나가는 것이 좋다. 즐거운 이야기를 할 때는 행복한 표정을, 심각한 이야기를 할 때는 진지한 표정 짓는 게 좋다. 가장 바람직한 것은 청중들의 눈을 자연스럽고 따뜻한 시선으로 바라보면서 스피치를 하는 것이다. 청중을 정면으로 바라보지 못하고 좌우나 또는 위아래로 쳐다보는 행동은 심리적으로 불안해 보인다. 그런 자세는 스스로 자신감이 없고 준비가 안되었다고 청중들에게 시인하는 꼴이다.

하단하는 법

스피치를 끝났다고 바로 내려오면 안된다. 마지막에도 공손하게 인사하고 자연스럽게 내려와야 한다. 흔히 하단할 때에는 긴장이 풀려 흐트러진 모습을 보여주고 급하게 서둘러 내려가는 태도를 취하는 경우가 많은데 공손히 인사하고 자연스럽게 내려와야 한다. 뒷모습도 아름다워야 명품 스피치다.

제대로 인사부터 하라

스피치에서의 인사는 아주 중요하고 그 사람을 판단하는 기준이 되기도 한다. 스피치나 프레젠테이션을 할 때 인사 순서는 크게 3가지로 나뉜다.

❶ 인사말 → 부서 직함 → 이름 → 신체언어

　㉖ 안녕하십니까 → 영업부장 → 이성호입니다. → 허리를 굽히고 30
　　도 정도에 멈춘다. 2초 후 다시 올린다.

❷ 인사말 → 자신만의 수식어 → 이름 → 신체언어

　　㉠ 안녕하십니까 → 행복을 나눠드리는 강사 → 이성호입니다. → 허

　　리를 굽히고 30도 정도에 멈춘다. 2초 후 다시 올린다.

❸ 분위기 전환 멘트 → 인사말 → 이름 → 신체언어

　　㉠ 여러분 날씨가 많이 춥지요. → 안녕하세요. → 이성호입니다. →

　　허리를 굽히고 30도 정도에 멈춘다. 2초 후 다시 올린다.

스피치로 가장 편안한 분위기를 만들려면 5가지 조건을 충족시켜야

한다.

첫째, 선입견과 편견을 버리고 상대방에게 존중과 신뢰를 보여줘야

한다. 둘째, 서로의 마음을 알아주는 공감적 이해의 분위기가 촉진되

어야 한다. 셋째, 누구나 부담 없이 느낄 수 있는 멘트로 시작하는 것

이 좋다. 넷째, 때론 자기개방을 통해 자신의 문제를 솔직하고 진실하

게 터놓고 다가가는 방법도 있다. 다섯째, 처음 인사말은 쉽고 편안한

말로 시작하는 것이 좋다.

이와 같은 편안한 인사가 만남을 편안하게 이끌어 줄 수 있는 출발

이 된다. 청중의 마음을 잡고 싶다면 편안한 분위기를 만들어 줘야 한

다. 인사만 잘해도 긴장이 완화되고 편안하게 스피치를 시작할 수 있

는 여유가 생긴다. 남자는 차렷 자세, 여자는 두 손을 포개어 마주잡는

공수 자세를 취하면 청중들에게 절도 있게 보인다.

올바른 인사법

인사는 목으로 하는 것이 아니라 허리로 하는 것이다.
그리고 멈춤이 있어야 한다.

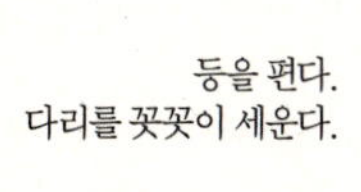

여기서 가장 중요한 것은 허리를 굽힌 다음 꼭 멈춤이 있어야 안정감과 여유가
있어 보인다는 것이다.

눈은 입보다 더 많은 것을 이야기한다

사람의 눈은 혀만큼이나 많은 말을 한다.　_랄프 왈도 에머슨

여성의 눈은 말 한마디 없이도 가슴속의 비밀을 드러낸다.　_성 제롬

마음의 거울은 얼굴이고 얼굴은 눈을 통해 말한다.　_키케로

스피치 할 때 가장 중요한 게 무엇일까? 바로 자신감이다. 그렇다면
자신감은 어디서 나오는가? 자신감은 그 사람의 눈을 보면 알 수 있다.

자신감이 있는 사람들은 먼저 상대방을 주시한다. 옛 말에 눈은 마음의 창이라고도 했다. 그만큼 눈을 보면 그 사람의 심리상태까지 알 수 있다. 그러기에 우리는 시선 관리를 잘 해야 한다.

학교에서 보통 선생님들을 똑바로 보는 학생들은 수업을 열심히 듣고 있다는 것을 의미한다. 그런 시선이 선생님들에게 굉장히 힘이 되어준다. 그만큼 시선은 상대에게 자신감을 주기도 한다. 시선 처리는 제2의 커뮤니케이션이라고 한다. 사람을 85% 이상 보고 말하면 "성실하다, 친근하다, 숙련되다, 자신이 있다, 신뢰할 수 있다"라는 느낌을 준다. 하지만 그의 반대로 15% 미만으로 본다면 "냉정하다, 미숙하다, 자신이 없다, 신뢰성 결여, 준비가 안되어 있다"라고 생각한다. 그만큼 눈은 스피치를 구사할 때 엄청난 파괴력을 가진다.

고리카라는 철학자가 "사람의 눈은 그가 현재의 상태를 말하고, 사람의 입은 그가 앞으로 무엇이 될 것인가라는 가능성을 말하여 준다"라고 했다. 이처럼 눈은 사람들에게 자신을 보여주는 제2의 커뮤니케이션이라는 사실을 잊어선 안된다.

대면연습법의 시작은 무조건 익숙하게 만들어야 한다

스피치에서 시선 처리는 단팥빵의 팥과 같다. 아무리 좋은 내용을 사람들에게 말해도 상대방을 안보고 스피치를 구사한다면 상대방을 무시하고 자신감이 없는 것처럼 느껴질 것이다.

그렇다면 시선 처리는 어떻게 해야 하나? 무조건 쳐다보는 연습부터 시작해야 한다. 안보면 안볼수록 자신감이 없는 사람으로 인식된다. 이런 방법을 해소하기 위해선 직접 얼굴을 대면하는 연습이 필요하다. 이것을 '대면 연습법' 이라 하는데 대면연습법엔 아래와 같은 방법들이 있다.

대면 연습법의 예

- 지하철 안이나 버스 안에서 한 명씩 번갈아 보는 훈련
- 많은 사람들이 지나가는 역, 극장, 신호등 같은 번잡스러운 공간에서 사람들과 시선 맞추기 훈련
- 편안한 다수의 친구들과 대화하면서 시선을 분산해 보는 훈련

농협에 근무하는 직장인 중 학원에서는 어느 정도 시선 처리가 되는데 회사에선 잘 안된다며 상담을 요청한 적이 있었다. 상담을 마치고 서울에서 가장 복잡하다고 생각하는 서울역 에스컬레이터로 갔다. 서울역 에스컬레이터 앞에서 서서 올라오는 많은 사람들과 시선을 맞추면서 시선 처리 연습을 해보았는데 효과는 최고라고 했다. 그 방법도 해보는 것이 좋다. 조금은 이상해 보이는 행동이겠지만, 시선 처리 훈련에는 좋은 방법이다. 처음엔 시선 자체가 어렵고 힘들다. 하지만 천천히 상대방에게 대화하는 느낌으로 시선을 조금씩 옮겨나가는 연습

을 해 나가는 것은 좋은 방법이다. 그리고 다른 예로는 극장에서도 충분히 가능하다. 극장 앞에 서서 얼굴을 바라보면서 천천히 시선을 옮기는 것이다. 이런 방법을 '대면 연습법'이라고 하는데 대면 연습법은 생활 속에 어디서든 할 수 있는 시선 처리 방법이다. 이런 시선 처리는 어려울 수 있지만 본인의 마음가짐이 가장 중요하다. 대부분 사람들은 상대방이 부담스러워 한다는 생각도 한다. 하지만 자신이 어색하지 않아 한다면 상대방도 어색하지 않다는 것을 알아야 한다.

시선 처리는 눈을 보라는 게 아니라 상대방을 보라는 것이다

이런 질문을 받은 적이 있다. "스피커는 시선 처리 시 눈을 봐야 합니까?" 아니다. 사람의 눈이 목표가 아니다. 상대방을 바라보라는 것이다. 대부분의 사람들은 눈을 뚫어지게 응시해야 한다고 생각하는데 그게 아니다. 그리고 사람의 눈과 얼굴을 본다는 것은 예의의 어긋난다고 생각하는 경우도 있지만 스피치를 할 때 상대방을 쳐다보는 것은 자신에게 집중해 달라, 전 당신에게 관심이 있다, 여유가 있다는 것을 청중에게 알리는 것이다.

단상에 올라가게 된다면 무조건 청중을 훑어봐라. 그리고 처음에 시선 처리가 힘들면 한 사람만 집중적으로 보는 것도 방법이다. 그것도 힘들면 아는 사람을 배치하여 좀 편안하게 청중을 바라보는 습관을 키워라.

시선의 흐름을 Z 자 형태로 하면 자신감 있어 보인다

그리고 어느 정도 자신이 시선 처리에 여유가 생겼다면 전문적으로 해보는 훈련이 필요하다. Z 자 형태로 시선을 옮겨보는 방법이다. 우리는 책을 읽을 때 위에서 아래로 읽는다. 그리고 왼쪽에서 오른쪽으로 읽는다. 스피커의 시선은 우리가 익숙하게 배우고 행하게 되는 책 읽기에서 비롯되었다. 이는 Z자 형태로 읽는 것이다. 그러나 너무 뻣뻣하게 Z자를 그리며 시선을 처리하지는 말아라. 자연스럽게 시선을 처리하는 것이 중요하다.

효과적인 시선 처리법

한 사람 한 사람씩 눈을 마주치면서 약 1초 ~ 2초 정도로 이야기하듯이 편한 시선을 주도록 한다.

1. 시선 처리가 어려울 시 편안한 청중을 한 사람이라도 보는 습관을 키운다.
2. 청중보기가 편안할 시 ❶, ❷ 청중을 한번씩 유연하게 봐주는 연습을 한다.
3. 익숙할 시 ❶→❷→❸→❹ 순으로 말 중간을 이용하여 천천히 보면 된다.

최고의 화장술은 잔잔한 미소다

미소를 지을 줄 모르면 가게 문을 열지 마라.　　　　　_유대인 속담

미소는 사람들 사이를 가장 가깝게 해주는 간격이다.　　　　_빅터 보르즈

미소는 전기보다 적은 양으로 더 많은 빛을 만들어 낸다.　　　_알베르트 피에르

스피치 하다 보면 긴장이 더 많이 되는 경우가 있다. 긴장하면 바로 보여지는 것이 얼굴과 호흡 불안이다. 그 중에서도 얼굴이 경직되고 어두워진다. 이런 얼굴로 청중 앞에 나선다면 청중들에게 곧바로 간파당하게 된다. 얼굴은 영혼이 지나가는 통로라 한다. 앞서 말했듯, 청중들이 스피커를 처음 만나 가장 먼저 보는 것도 그 사람의 얼굴과 자세이다. 스피치를 구사할 때 밝은 미소와 잔잔한 미소로 시작하면 상대방도 스피커의 이야기를 편안하게 듣게 될 것이다. 스피치를 구사할 때 표정은 여유의 상징이자 내용의 진정성을 검증해 주는 중요한 요소이다. 표정을 내내 여유롭게 짓는다는 건 사실 쉽지 않다. 발표 자체만으로도 긴장이 되는데 어떻게 표정을 밝게 짓냐고 물어보는 사람도 적지 않다. 하지만 자신이 불편하고 어려운 표정을 짓는다면 상대방도 그렇게 불편하고 어려워진다.

뮤지컬을 보면 배우들은 다이내믹한 표정으로 청중들에게 감동을 준다. 스피치를 할 때도 스피커의 표정이 어떠한가에 따라 청중들이

받아들이는 느낌이 달라진다. 재미있는 이야기를 한다면 즐겁고 신나는 표정을 지어야 할 것이고, 심각한 이야기를 할 경우엔 진지하게 표정을 지어야 상황에 맞는 분위기를 연출할 것이다.

신체의 근육 가운데 얼굴의 근육은 80개로 구성되며 얼굴에서 지을 수 있는 표정은 7,000가지가 된다고 한다. 얼굴에 표정의 변화는 못 짓는 게 아니라 내 자신이 안 지어서 얼굴이 경직되었을 뿐이다. 그만큼 얼굴의 표정 훈련이 필요하다. 가장 중요한 건 밝은 표정을 내는 것인데 훈련으로도 충분히 가능하다.

— 데일카네기가 이런 말을 했다.

미소는 아무런 대가를 치르지 않고서도 많은 것을 이루어낸다.

미소는 지친 사람에게는 안식이며, 낙담한 사람에게는 격려이며,

슬픈 사람에게는 희망의 빛이다.

세상 어려움을 풀어주는 자연의 묘약이기도 하다.

미소는 대가 없이 줄 때만 빛을 발한다.

절도 있는 제스처로 설득력을 높여라

제스처Gesture는 비언어적 의사 소통 중의 하나로서, 손이나 얼굴, 몸 그리고 다리를 이용해서 전달하는 언어적 의사소통 방법이다. 스피치를 할 때 가만히 서서 한다고 생각해 봐라. 얼마나 심심한 스피치가 되겠나? 스피치를 할 때 적절한 제스처가 동반이 되면 설득력과 자신감이 상승된다. 그러나 제스처 역시 쉽지가 않다. 말을 하랴, 생각하랴, 목소리에 색깔을 넣으랴 얼마나 많은 것들을 청중들에게 보여줘야 하는가. 이런 와중에 제스처까지 한다는 건 분명히 쉽지는 않다. 대부분의 사람들은 제스처를 하려고 해도 힘없이 하다 보니 자신감이 없어 보이기도 하고 산만해 보이기도 한다. 제스처를 하려면 제대로 해야 한다. 그래야 자신감이 있어 보이고 청중들을 설득시킬 수 있다. 하지만 제스처도 아무렇게나 하는 것은 아니다. 제스처에도 방법이 있다.

절도 있는 제스처를 하려면 몇 가지 법칙이 있다

첫째, 크고 분명해야 한다. 살아있는 제스처는 생동감이 있고 활기가 넘쳐야 한다. 그리고 상황에 맞게 적절한 손짓이 필요하다. '살아있는 제스처 vs 죽은 제스처'는 분명히 차이가 있다. 살아있는 제스처는 스피커의 주장과 신념을 청중에게 강하게 강조하면서 말의 느낌을 리얼하게 살려준다. 그렇기에 청중의 수나 장소의 규모에 따라 제스처의 크기는 달라져야 한다.

둘째, 동작과 말이 같이 동반되어야 자연스럽게 느껴진다. 아니면 동작이 말보다 0.5초 정도 빨라도 좋다. 제스처를 말보다 늦게 하면 어색하기 때문이다. 개그맨들의 제스처를 관찰해 보면 말과 제스처가 시간적으로 맞지 않아 우습게 보이는 경우가 많다.

셋째, 제스처는 내용과 일치시키는 것이 포인트이다. 그리고 표정과 시선이 같이 어우러지면 더욱 진지하면서 때론 부드럽게 다가오기도 한다. 말의 내용과 제스처의 의미가 서로 달라서는 안된다는 것이다.

— "말씀 드리겠습니다. 알려드립니다. 제안합니다. 호소합니다. 발표합니다." 할 때는 손을 펴서 앞으로 내밀어야 맞고, "약속합시다. 단결합시다. 각오합시다. 촉구합니다"라는 말을 할 때는 주먹을 쥔 상태로 표현해야 한다. 하지만 반복되는 제스처는 피하는 게 좋다.

적절하고 자연스러운 제스처는 말하는 사람의 정열과 자신감을 드러내 준다. 청중의 주의를 끌고 내용을 강조 또는 보조하여 박력을 살려준다. 좋은 예로는 버락 오바마의 제스처다. 버락 오바마가 재선에 성공한 이유도 스피치인데 자신감과 역동적인 제스처가 한몫을 했다.

모든 제스처는 허리선 위치에서 하는 게 가장 보기 좋다. 제스처의 단계는 차렷 자세를 취한 기본 자세에서 제스처를 시작하려는 '준비 단계'와 표현의 목적을 이루기 보여주는 '완성 단계', 그리고 본래의 기본 자세로 되돌아가는 '복귀 단계', 이렇게 3단계로 구분한다. 이것을 무시한 제스처는 보기 좋은 제스처가 될 수 없다. 이것을 원점의 법칙이라고 칭하기도 한다.

> 준비 단계 → 완성 단계 → 복귀 단계

제스처는 청중의 이해를 돕고 시선을 한 곳에 집중시킨다. 그리고 자신감의 상징이다. 제스처를 통해 긴장감을 해소하는 경우도 있다. 안정된 제스처는 명스피커에게 꼭 필요하다. 특히 우리가 사용하는 제스처 중에 숫자를 사용하여 제스처를 하는 경우가 많다. 그렇게 하면 설득력까지 올라가고 청중들에게 중요성을 인식까지 시켜준다.

특히 제스처를 사용할 때는 자연스럽게 하여야 하고 말과 손동작이

① 자신 : 오른손으로 자신을 가리킨다.

② 청중 : 두 손으로 청중을 가리키며 벌린다. 손바닥이 위로 향하게!

③ 숫자 : 가슴 쪽으로 검지부터 하나, 둘, 셋

④ 느끼다 : 오른손바닥을 가슴에 얹는다.

⑤ 결심, 다짐 : 진지한 표정으로 주먹을 앞으로 힘차게 내민다.

⑥ 호소할 때 : 청중에게 두 손을 강하게 내민다.

동시에 나와야 한다. 그리고 몸과 손이 균형감 있는 자세를 유지해야 한다. 이 세 가지를 기억하고 해야 제스처가 있어 보이고 상대가 봤을 때도 편안하게 보게 된다.

처음 10초를 잡아라

'처음 10초가 나중의 10분보다 더 중요하다' 라는 말이 있다. '처음 한 마디가 나중 열 마디보다 더 중요하다"라는 말이다. 또한 "30초 안에 상대방의 관심을 유발 시켜라"라는 말도 있다. 이 말의 뜻은 무엇일까? 그만큼 짧은 시간에 사람을 평가한다는 얘기다. 처음에 어떻게 스피치를 시작을 할 건지 항상 고민을 하고 두려워하는 사람들이 많다.

처음에 부드럽게 스피치를 시작하면 마지막까지 무난하게 가는 경우를 많이 봤을 것이다. 처음을 어떻게 시작하느냐에 따라 청중이 내 편이 될 것이냐? 아니면 적을 만들 것이냐가 갈린다. 우리는 이와 같은 미션을 항상 가지고 시작한다. 더구나 대부분의 사람은 자신이 말을 하는 것을 좋아하지 남의 이야기를 들을 때는 비판하는 자세로 변한다.

그렇다면 어떻게 시작해야 청중들에게 편안하게 다가갈 수 있을까? 그건 분위기 전환 멘트를 적절하게 잘하면 된다. 인사하고 바로 본론으로 들어가면 청중들은 아직 준비가 안되어 있을 경우가 많다. 청중을 이야기 속으로 편안하게 초대하기 위해서는 가볍게 청중들에게 감사의 말로 시작해보는 것도 좋다.

"이렇게 와주신 여러분께 진심으로 감사의 말씀 드립니다. 혹시 점심은 드셨나요? 저도 가볍게 먹고 왔습니다."

이렇게 시작한다면 부담스럽지 않게 자연스럽게 진행이 될 것이다.

아니면 일상적인 이야기나 뉴스로 시작하는 것도 좋다. 그러나 무리수를 던지는 것은 금물이다. 자질구레한 인터넷 유머, 야한 농담은 자칫 분위기를 망칠 수가 있다. 모두 공감할 수 있는 삶의 이야기, 계절 이야기, 교통 문제, 건강 이야기, 최근에 가장 기억에 남는 에피소드 등 가벼운 주제로 이야기를 나누면 청중들도 쉽게 마음이 열어준다.

"여러분, 단풍구경 갔다 오셨나요? 저도 갔다 왔습니다. 가까운 북한산으로 갔다 왔는데 여러분은 어디로 다녀오셨나요?(대답 유도), 좋은데 갔다 오셨네요."

"최근에 안타까운 소식이 전해졌습니다. 항상 저에게 감동과 웃음을 주셨던 황수관 박사께서 돌아가셨다고 합니다. 여러분도 아시지요? 건강하셨던 분이 하루 아침에…. 너무 마음이 아픕니다. 건강이 얼마나 중요한지 알게 해주었습니다."

그리고 가벼운 유머도 좋다. 그러나 명심해라. 처음부터 너무 재미있는 이야기를 해주겠다고 사람들의 기대감을 부풀리지 말아야 한다.

유머는 짧을수록 좋다. 유모를 너무 길게 하다 보면 오히려 분위기를 더 망칠 수가 있다. 짧게 시작하여 강렬하게 남기는 유머야말로 상대방에 즐거운 스피치를 선사할 수 있는 준비 단계가 될 것이다. 또는 너무 무겁지 않은 명언을 인용해서 시작해 보는 것도 좋다.

"로마의 정치가 카토는 80세가 되었을 때 그리스어를 배우기 시작했다. 그러자 그의 친구들은 카토를 놀리며 말했다.

아니. 그 나이에 왜 그렇게 어려운 그리스어를 배우나?

그러자 카토가 대답했다.

응, 오늘이 내게 남은 날 중에서 가장 젊은 날이라 시작했네."

"나폴레옹이 땅에선 자기가 가장 작은데 하늘에선 자기가 가장 크다
고 했습니다.

우리가 나아가야 할 방향도 마찬가지입니다. 새로운 날을 맞아
선입견을 버리고 나아가야 하는데 아직도 우리는 ~~"

명언은 의미 있는 자리를 조금 더 품위 있게 만들어 주는 양념이 되
어 준다. 특히 신년회, 중요한 발표에서 청중들을 집중시키기에 좋다.
스피치는 배려이다. 청중이 편안하게 듣게끔 만들면 청중들도 적대를
안 가지고 집중을 하게 될 것이다. 시작 멘트를 꼭 준비해 보자. 많이
준비한다고 좋은 건 아니다. 자신만의 무기 몇 가지만 있어도 충분하
다. 이것이 바로 패턴이다.

청중을 사로잡는 시작의 말

① 청중들에게 감사의 말로 시작한다.
② 일상적인 이야기, 뉴스로 시작한다.
③ 짧은 유머나 퀴즈로 시작한다.
④ 위인들의 일화나 명언으로 시작한다.

명스피커는 목소리부터 다르게 시작한다

스피치의 절반 이상은 음성 표현에 달려있다고 해도 과언이 아니다.
아무리 좋은 내용이라도 음성 표현을 잘하지 않는다면 훌륭한 노래를
음치가 자기 멋대로 부르는 것과 같기 때문이다. 스피치는 가락이다.
기쁨과 슬픔의 색깔이 있고, 봄, 여름, 가을 겨울 같은 사계절이 있다.
봄과 같이 때론 따뜻하고 정감 어린 어조가 있어야 하고, 여름과 같이
뜨거움이 계속되다가 갑자기 시원한 소나기가 퍼부어 더위를 가셔주
고 답답함을 풀어주어야 한다. 그리고 결실의 계절 가을답게 풍요로움
과 만족함이 함께 동반되어야 하고, 때로는 눈보라치고 세찬 바람이
몰아치는 겨울같이 날카로운 비판과 서릿발 같은 호령이 있어야 하는
데 그것을 행할 수 있는 방법이 목소리에서 나온다.

목소리를 체크한 다음 연습해라

체크해야 할 5가지 목소리 스타일

- ☑ 목소리가 작다.
- ☑ 말을 많이 하면 목이 아프다.
- ☑ 말끝이 잘 안 들린다.
- ☑ 목소리의 음높이가 같다.
- ☑ 음성이 좋지 않다.

사람마다 가진 목소리는 천차만별이다. 훌륭한 내용이 있어도 목소리가 모깃소리 같이 기어 들어가는 사람, 입에 모터가 달려 빠르게 말하는 사람, 시골 된장처럼 투박하게 말하는 사람, 콧소리가 너무나 듣기 싫은 사람 등 다양하다. 무엇보다 자신의 목소리가 어떤 유형인지 체크를 해 보는 것이 중요하다. 자신이 듣기 싫다면, 청중은 더욱 그러할 것이다.

그러나 자신의 목소리 스타일을 자기는 잘 모르는 경우가 많다. 특히 긴장을 했을 때, 자신의 목소리가 어떻게 변하는지 꼭 체크해 볼 것을 권한다. 목소리를 체크할 때는 필히 객관적이어야 한다. 시시때때로 목소리를 녹음해서 점검해 보자.

시간이 날 때마다 녹음한 자신의 목소리를 들어 문제점을 찾고 개선해야 할 점을 찾아 바로바로 고쳐 나가면서 꾸준하게 연습을 해야 한다. 그리고 거울을 보면서 연습을 하는 식의 경험을 쌓아가야 한다.

음성 연출의 기본 원칙

- 현장에 있는 듯한 느낌으로 말한다.
- 장단, 억양을 적절히 구사한다.
- 적절한 비유로 한편의 드라마 보듯이 이야기한다.
- 실감나는 분위기를 연출한다.
- 천천히 말하고 크게 그리고 또박또박 말한다.

음성 연출에는 언어적인 부분이 있다

- 언어적인 부분 : 음성의 고저, 강약, 완급, 감정이입, 발음, 호흡 등

  (큰소리로 발성하면 360개 기혈과 84,000개 기공이 열린다)

- 비언어적인 부분 : 시선, 표정, 제스처, 연단의 매너, 이미지

음성 연출은 자신의 소리를 찾는 중요한 과정이다. 공명과 성대의 진동 훈련으로 자신의 목소리를 찾는 게 쉽기도 하다. 하나의 예를 통해 알아보자. 어금니를 깨문 상태에서 '음' 하면서 진동을 느끼며 3초간 유지해 보자. 그런 다음 다시 한 번 '음'을 3초간 내뱉는 것이다. 그렇게 하나에서 열을 반복하면 소리가 진동으로 나는 것을 느낄 수 있다. 이게 공명과 성대를 통한 소리 찾기 훈련이다.

음 ~~~~~ (멈추고) 하나~~~~~ 음 ~~~~ (멈추고) 두울~~~~~~
음 ~~~~~ (멈추고) 세엣~~~~~ 음 ~~~~ (멈추고) 네엣~~~~~~
음 ~~~~~ (멈추고) 다섯~~~~ 음 ~~~~ (멈추고) 여섯~~~~~
음 ~~~~ (멈추고) 일곱~~~~ 음 ~~~~ (멈추고) 여덟~~~~
음 ~~~~ (멈추고) 아홉~~~~~ 음 ~~~~ (멈추고) 여얼~~~~~~

소리 찾기 훈련을 통해 자신의 소리를 신뢰감 있는 목소리를 만들어야 한다. 그러다 보면 자신의 소리는 더욱더 깊어진다. 응용도 가능하다. 시를 같이 넣어 말을 붙여 한다면 아주 좋은 훈련이 될 것이다.

음 ~~~~~~~~ 나 보기가 역겨워 가실 때에는 (한숨으로 쭉 간다.)

음 ~~~~~~~ 말 없이 고이 보내 드리오리다. (한숨으로 쭉 간다.)

음 ~~~~~~~ 영변에 약산 진달래꽃 (한숨으로 쭉 간다.)

음 ~~~~~~~ 아름 따다 가실 길에 뿌리오리다. (한숨으로 쭉 간다.)

이렇게 시를 넣어 목소리 연습을 하면 아주 가볍게 나올 것이고 울림이 좋은 소리가 나올 것이다. 이것을 좀 더 응용을 한다면 아랫배에 힘을 준 상태에서 (음 ~~~~~ 나 보기가 역겨워 가실 때에는) 한음으로 숨을 안 쉬고 한다. 물론 힘은 들겠지만 자신의 목소리에 울림을 알고 진동을 주니 더욱더 깊은 소리를 낼 수 있는 방법이 될 것이다.

■ 음성 연출 훈련 1

양 어금니를 깨물고 음~~ 이라고 계속 허밍으로 노래를 불러 본다. 노래를 부르면서 중간엔 입으로 호흡을 들이마시지 말고 코로 숨을 마신다.

과수원길

동구 밖 과수원길 / 아카시아 꽃이 활짝 폈네

하얀 꽃 이파리 / 눈송이처럼 날리네

향긋한 꽃 냄새가 / 실바람 타고 솔~솔

둘이서 말이 없네 / 얼굴 마주보며 생긋

아카시아 꽃 하얗게 / 핀 먼 옛날의 과수원길

노래를 하다 보면 콧잔등에 땀이 맺힐 것이다.

제대로 하고 있는 것이니 어디 아픈 것 아닌가 생각하지 마시길.

━ 음성 연출 훈련 2

거울을 보고 연습해 보기

조그만 손거울을 들고 자신의 입 모양을 관찰해 보는 것이다.

자신이 입을 얼마나 벌리는지 모르는 경우가 많다.

그리고 좋은 목소리를 내기 위해선 목젖이 보여야 한다.

입을 크게 벌리면서 "아 ~"를 외치며 자신의 목젖이 보이는지를 관찰

해라.

그리고 아랫배에 힘을 주고 하면 복식으로 하는 느낌을 주기 때문에 공

명과 성대가 울리는 느낌도 줄 것이다.

━ 음성 연출 훈련 3

기초 발음 연습하기

가장 기본적인 발음을 연습해야 정확한 소리를 낼 수 있다.

1. 입을 크게 2. 또박또박 3. 배에 힘을 주고 한다면 발음만 좋아지는 게

아니라 발성도 같이 좋아진다.

【 가나다라 발성법 】

	ㅏ	ㅑ	ㅓ	ㅕ	ㅗ	ㅛ	ㅜ	ㅠ	ㅡ	ㅣ	ㅐ	ㅔ	ㅚ	ㅟ
ㄱ	가	갸	거	겨	고	교	구	규	그	기	개	게	괴	귀
ㄴ	나	냐	너	녀	노	뇨	누	뉴	느	니	내	네	뇌	뉘
ㄷ	다	댜	더	뎌	도	됴	두	듀	드	디	대	데	되	뒤
ㄹ	라	랴	러	려	로	료	루	류	르	리	래	레	뢰	뤼
ㅁ	마	먀	머	며	모	묘	무	뮤	므	미	매	메	뫼	뮈
ㅂ	바	뱌	버	벼	보	뵤	부	뷰	브	비	배	베	뵈	뷔
ㅅ	사	샤	서	셔	소	쇼	수	슈	스	시	새	세	쇠	쉬
ㅇ	아	야	어	여	오	요	우	유	으	이	애	에	외	위
ㅈ	자	쟈	저	져	조	죠	주	쥬	즈	지	재	제	죄	쥐
ㅊ	차	챠	처	쳐	초	쵸	추	츄	츠	치	채	체	최	취
ㅋ	카	캬	커	켜	코	쿄	쿠	큐	크	키	캐	케	쾨	퀴
ㅌ	타	탸	터	텨	토	툐	투	튜	트	티	태	테	퇴	튀
ㅍ	파	퍄	퍼	펴	포	표	푸	퓨	프	피	패	페	푀	퓌
ㅎ	하	햐	허	혀	호	효	후	휴	흐	히	해	혜	회	휘

명품 스피커는 템포와 리듬감, 강세로 디자인한다

미국의 기업인이며, 애플 창업자인 스티브 잡스. 그는 세계가 인정하는
프레젠테이션의 달인이다. 그렇다면 한 번 생각해 보자. 스티브 잡스의
프레젠테이션이 남들보다 빛나는 요인은 무엇일까? 바로 감성이 있는

목소리와 말투의 대가이기 때문일 것이다. 그가 성공할 수 있는 방법은 수많은 리허설과 반복에서 비롯되었다. 노래도 리듬과 템포가 있듯이 스피치에도 템포와 리듬감을 보여주면 내용이 생동감 있어 보이게 된다.

훌륭한 스피치는 템포와 리듬감이 있다

만약 우리가 상대방에게 자신의 의사를 밋밋하게 전달한다면 재미도 없고 리얼한 느낌을 주지 못할 것이다. 현대 사회에서의 스피치는 목소리만 크게 전달한다고 좋은 것은 아니다. 강약 조절을 하면서 장단에 맞춰 말을 해야 한다. 스피치의 변화는 목소리의 변화에서 가장 빨리 느낀다. 목소리의 강약과 멈춤으로 상대방에게 리얼한 느낌을 주는 게 바로 템포 조절과 리듬감 있는 스피치이다. 이런 스피치야말로 청중에게 호기심을 자극하고 재미있는 스피치를 구사할 수 있다. 템포와 리듬감이 있어 보이게 하려면 멈춤이 있으면 쉽게 접목을 시킬 수가 있다.

- 스피치를 // 재미있게 만드는 비법은 템포 조절과 리듬감이 중요하다.
- 스피치를 재미있게 만드는 비법은 // 템포 조절과 // 리듬감이 중요하다.
- 스피치를 // 재미있게 만드는 비법은 // 템포 조절과 // 리듬감이 //
  중요하다.　　　　　　　　　　　　　　　　　　　　※ // 멈춤을 의미함.

첫 문장과 같은 경우 문어(글에서만 쓰이는 말투)로 읽는 것과 동일하다. 책 읽는 느낌으로 말을 하니 리얼한 느낌은 덜하게 느껴진다. 하지만 두 번째, 세 번째와 같이 약간의 멈춤만으로도 리얼한 느낌을 주는 경우가 있다. 이런 말은 구어(일상적인 대화에서 쓰는 말) 같은 느낌이 나서 청중들에게 심심하지 않은 재미를 주기도 한다. 여기에 말을 적절하고 부드럽게 연결해 주고 음을 멈춰주면서 말을 하면 청중들이 아주 리얼하게 느낀다. 이것은 음악에서도 보여주는 레카토(음을 이어주는 느낌으로)와 스타카토(음을 끊어주는 느낌으로)로 하는 스피치 기법이기도 한다.

- 스피치에 강세를 주면 생동감 있는 소리를 낼 수 있다.
- 스피치에 강세를 주면 생동감 있는 소리를 낼 수 있다.
- 스피치에 강세를 주면 생동감 있는 소리를 낼 수 있다.
- 스피치에 강세를 주면 생동감 있는 소리를 낼 수 있다.

위의 문장처럼 부분적으로 강세만 줘도 리얼한 느낌이 날 것이다. 스피치를 책 읽는 느낌으로 딱딱하게 말한다면 상대방을 설득시키기 어렵다. 즉, 말의 리듬과 템포 조절, 멈춤, 적절한 강세를 줌으로써 청중들에게 기억에 남는 스피치가 될 수 있다. 현대인들이 바라는 파워 스피치는 상대방을 집중시키면서 자신의 핵심 역량을 아주 리얼하게 보여주는 스피치일 것이다.

파워 스피치는 한편의 그림 그리기와 같다. 그림 그리기에도 다양한 기술이 있듯이 스피치를 재미있게 유쾌한 스피치를 만들도록 디자인을 하는 것이 명작을 만든다. 이것이 파워 스피치이자 입력入力이다.

특히 스피치에도 고급 패턴이 있다. 그것은 자신만의 멈춤이 있어야 한다. 말을 할 때 적절하게 멈춘다는 건 그 사람이 여유가 있고 자신감 있게 준비됐다는 상징이 숨어 있다. 그만큼 자신의 템포에 따라 멈추는 순간 마음도 편안해지고 생각도 잘 난다. 적절한 멈춤, 이게 바로 우리가 바라는 템포 조절이기도 하다.

안정감 있는 목소리는 복식 호흡에서 나온다

소리가 나오려면 3가지 기관이 아주 중요하다. 목, 가슴, 배. 이 3가지 부분에서 소리가 적절하게 나와야 한다. 그 중에서 가장 중요한 신체 부위는 어디일까? 바로 배다. 배는 호흡을 관장하는 부분인데 호흡은 폐로 한다. 그리고 폐 밑에 있는 횡격막으로 호흡을 해야 한다. 이는 스피치에 있어서 자동차의 연료 역할을 한다. 충분한 공기의 호흡이 중요하다. 스피치의 호흡법은 숨을 들이마시면 배가 나오고 말을 할 때에는 배가 들어가는 복식 호흡을 한다. 복식 호흡을 하면 소리가 울림이 있고 힘차게 나올 수 있게 만들어 주는 울림통이라고 생각하면 된다. 그러나 현대인들은 흉식 호흡을 하므로 빈약한 목소리와 목에 무리를 주어 짧은 연설에도 목이 쉽게 잠기는 경우가 있다.

복식 호흡을 하면 좋은 점은 스피치를 안정감 있게 할 수 있는 원동력을 갖게 된다. 호흡이 불규칙하면 스피치도 불규칙하게 나온다. 또한 이 호흡법으로 마음이 평화로워지고 머릿속이 맑아진다.

초보자를 위한 복식 호흡 비결

① 바닥에 편안히 눕고 두 눈을 감는다. 초보자들이 연습하기에 가장 좋은 자세다. 바닥에 몸을 맡기듯이 근육을 이완시킨다.

② 한 손은 배 위에, 다른 손은 가슴에 올려 놓는다. 손으로 호흡을 확인할 수 있도록 하기 위해서다. 손이 아니라 두꺼운 책을 올려놓아도 좋다. 배의 근육을 단련시키면 복식 호흡이 더욱 쉬워지기 때문이다.

③ 코를 통해 천천히, 가능한 한 깊게 숨을 마시면서 배를 최대한 내민다. 배가 부풀어 오르는 것을 손으로 감지할 수 있을 만큼 숨을 들이마셔야 한다. 이때 어깨와 가슴이 움직이지 않도록 주의한다.

④ 숨을 잠시 멈춘다. 숨을 최대한 들이마신 상태에서 1초 정도 숨을 멈추면 호흡법을 연습하는데 도움이 된다.

⑤ 숨을 뱉어 배를 완전히 수축시킨다. 코를 통해 숨을 내뱉으면서 천천히 배가 쏙 들어 갈 정도로 숨을 내쉰다. 코를 통해 천천히 숨을 내뱉는 게

좋다. 순간 입으로 숨을 확 내뱉으면 호흡 조절이 어려워지기도 한다. 그러므로 천천히 하는 것이 중요하다. 이제 어느 정도 익숙해지면 들숨과 날숨의 비율을 1:2 정도로 조절한다. 1초 숨을 들이마시고 2초간 숨을 내뱉는 것이다. 이 정도는 누구나 할 수 있으니 3초에서 6초, 4초에서 8초로 점점 늘리는 것이 좋다. 초보자는 이 간격을 유지하기 힘들기 때문에 최대한 길게 내뱉는다는 생각으로 호흡하고 어느 정도 숨이 차고 다 뱉었다 생각하면 그 중간에 멈춰주면 아주 효과적이다.

⑥ 차츰 횟수를 늘려간다. 처음엔 하루에 10회(30분) 정도, 차츰 익숙해지면 하루에 6~8회 정도씩 호흡한다. 하루에 5번, 한 번에 힘들 때까지 꾸준히 하면 2주쯤 후에는 몸이 가뿐해지는 걸 느낄 수 있다.

※ 주의사항
숨을 들이마실 때 절대 어깨가 올라가면 안된다.
가슴은 가만히 있고 배가 부풀어 올라야 하고 내뱉을 때도 한 번에 다 내뱉지 말고 골고루 내뱉어 주면 된다. 매일매일 하면 성량도 커지고 뱃심도 생긴다.

명스피커의 1% 노하우, 마이크

마이크를 사용하는 것을 보면 스피치 능력을 알 수 있다. 어떤 사람은 마이크를 사용하는데도 목소리가 모기 목소리 마냥 안 나오는 사람이 있다. 어떤 사람은 마이크를 너무 잘 사용하여 강당이 울리면서 귀가 아프게 하는 사람도 있다. 즉 마이크를 적절히 사용하면 사람의 음성을 크게 만들어 주기도 하지만 잘못 사용하면 악영향을 주기도 한다. 그렇다면 마이크 사용에도 패턴이 있을까?

공간에 따라 마이크 사용을 다르게 하라

공간에 따라 스피치 하는 방법은 다양하다. 10명 정도 있는 공간에서 마이크 사용은 부적절하다. 마이크가 빛을 내는 장소는 최소 40명 이상을 수용할 수 있는 큰 강당이다. 마이크 역시 사용 방법이 있다. 아무렇게나 사용하는 게 절대 아니다. 마이크 역시 사용 패턴이 있는데 명강사들을 유심히 보면 마이크가 손에서 놓지 않고 자유자재로 제스처를 사용하면서 사용한다. 그렇다면 마이크는 어떻게 사용하는 게 가장 이상적일까?

사전에 마이크를 점검하라

마이크의 상태를 미리 점검해야 한다. 그래야 강의, 연설, 발표, 프레젠테이션 등을 편하게 진행할 수 있고 자신의 소리를 한 단계 업그레이드 시켜 줄 수도 있다. 이런 점검 시 유선인지 무선인지 알면 그만큼 편하게 진행이 될 것이다.

마이크와 입의 거리는 주먹 하나의 거리가 가장 이상적이다

마이크 사용 시 주먹 하나 정도는 들어 갈 정도로 입과 거리를 둔다. 적당한 거리를 두어야 깨끗한 음성이 나오기 때문이다. 너무 가깝게 되면 소리가 울려 음성이 너무 크게 들리는 경우가 많다. 특히 여성의 경우 마이크를 입에다 너무 대고 하는 경우가 있다. 그럴 경우 립  스틱이 묻어 다음 사용자에게 거부감을 주는 경우가 많다. 그럴 경우 캡을 사용하면 좋다.

마이크 사용에도 연습이 중요하다

마이크와 친해져야 한다. 다들 마이크 사용을 어려워하는데 이는 그만큼 마이크 사용을 안 해서 그렇기도 하다. 미리 사전에 마이크 사용 연습이 중요하다. 어디가 편할까? 노래방을 추천한다. 노래방에서 마이크 잡는 연습을 사전에 하면 아주 용이하다.

습관적인 말을 버려라.

"음, 에" 이런 불필요한 말이 마이크에 나온다고 생각해 봐라. 평상시에는 무심코 넘어가지만 마이크엔 소리가 증폭이 되기 때문에 크게 들린다. 얼마나 듣기 싫을까? 아니면 숨소리인 "식식" 거친 숨소리, "습" 같은 호흡이 들어가는 소리가 들리면 내용이 집중이 안될 것이다. 이런 사소한 습관 때문에 마이크 사용은 오히려 독이 된다.

눈은 청중을 바라보고 제스처는 적절하게 사용한다

마이크를 사용하면 마이크에 신경을 쓰이게 마련이다. 그러다 보니 청중을 보기보다 마이크에 신경을 써 청중을 바라보지 못하고 천장을 본다든가 바닥을 보는 경우가 많다. 그러다보면 말하는 스피커의 목소리에 비해 자신감이 부족하게 느껴진다. 마이크 사용할 때는 특히 청중들을 바라보면서 말을 하는 것이 중요하다. 처음엔 어렵겠지만 하다 보면 분명히 여유 있는 스피커로 갈 수 있는 길이 열릴 것이다.

마이크와 몸은 같이 움직여야 한다

마이크 사용 시 대다수 몸 따로 마이크 따로 움직인다. 그러다 보니 소리는 분산이 되고 산만하게 보이는 경우가 있다. 입과 마이크는 정면을 유지하여 성능을 최대한 유지해야 한다.

마이크를 사용할 때도 기본 패턴이 있다. 이런 패턴을 자신에게 익숙하게 만들어야 하는데 쉽지는 않다. 마이크는 얼마만큼 잘 사용하느냐에 따라 실력이 향상되는 것이 다르다. 그러나 마이크 사용법을 제대로 알면 전달력은 반드시 향상된다.

패턴 스피치,
어떻게 얻을 것인가

논리적이고 체계적으로 말을 해야 한다는 것은 누구나 알고 있다. 특히 스피치는 정해진 시간 안에 자신이 하고자 하는 말을 정확하게 전달해야 청중들을 설득할 수 있다. 다행스럽게도 논리적이고 체계적으로 말하는 것은 우리가 연습만 해도 짧은 시간에 충분히 가능하다. 방법만 알면 쉽게 할 수 있다는 말이다. 스피치를 구사할 때는 논리적이고 체계적으로 말을 해야 하는데 지 3단 구성법을 알고 실행을 해 보면 쉽다.

사람의 스피치 능력을 살펴보면 그 사람의 지식, 교양, 인격까지도 알 수 있다. 스피치를 구사할 때는 단어 선택이 중요하다. 젊은이들이 즐겨 쓰는 은어를 사용한다든지, 격식에 어긋나는 단어들을 쓰는 경우를 종종 보게 된다. 예를 들어 격식을 갖춰야 하는 자리에서 "행쇼"('행복하세요'의 줄임말) 같은 단어를 스피치에 쓴다고 생각해 봐라. 격식과 자리에 맞지 않은 단어 선택은 청중들에게 반감을 사게 된다. 아주 사소한 단어의 사용이지만 우리가 써야 하는 단어가 있고 쓰면 품격이 낮아 보이는 단어가 있다. 이것은 어휘력이 부족하기 때문이다.

어휘력부터 키워라

스피치를 잘하는 사람들은 풍부한 어휘력을 가지고 있다. 어휘는 어떤 일정한 범위 안에서 쓰는 기본적인 단위를 말한다. 이런 어휘를 잘 쓰는 능력을 '어휘력'이라 하는데 이런 기초 어휘가 풍부한 사람들이 말을 구사하는 능력이 우수하다. 이런 어휘력을 키우기 위해선 생활 속의 스피치를 구사해야 실력을 늘릴 수 있다. 여기서 유의할 점은 제대로 쓰는 경우에선 충분히 좋은 결과가 있겠지만 그게 아닌 경우 어휘는 쉽게 늘지 않는다. 얼마만큼 관심을 갖고 하느냐에 따라 어휘력이 달라진다. 그렇다면 가장 쉽게 어휘력을 키우는 방법은 무엇일까?

책을 많이 읽는다

책의 목차부터 읽으면서 어떤 내용인지 한번 생각해 본다. 그리고 책을 정독하기 전에 훑어보기부터 시작하여 책을 읽는데 부담을 느끼지 않아야 한다. 스토리를 이해하기보다 내용을 큰 목소리로 읽어보는 것도 효과적이다. 그리고 나서 전체적인 문장에 대해 구성과 단어 배치 및 단어의 뜻을 중점적으로 보면 큰 도움이 될 것이다.

한자 공부를 한다

사자성어에 대해 유래와 음과 뜻을 알면 글에 대해 재미있게 다가갈 수 있다. 같은 뜻이더라도 음이 다른 한자, 음이 같아도 뜻이 다른 한자를 구분하고 같은 뜻이더라도 다른 음을 가진 한자들을 본능적으로 구분할 수 있게 된다. 그러면 일상 속에서 잘 모르는 단어라도 정확도 높게 머릿속에 추리할 수 있는 능력이 생기고, 스피치를 할 때 청중들에게 할 이야기도 늘어난다.

자신만의 단어장을 만든다

자신이 모르고 어려운 단어에 대해 무심하게 지나가는 경우가 많다. 그럴 때일수록 그런 단어를 관심 있게 보고 간편히 소지하기 쉬운 수첩에 적어둬라. 이런 방법은 습관화하는 것이 중요하다. 스마트폰을 이용해서 자신만의 단어장을 만드는 것도 좋다. 그리고 모르는 단어가 있으면 사전을 찾아보자. 특히 컴퓨터 사전이 아닌 종이 사전을 이용하는 것이 오래 기억에 남게 된다.

신문을 무조건 읽어라

신문은 책과 다른 성질은 가지고 있다. 신문은 일상적이면서 짜임새와 논리를 갖춘 문장들로만 이루어졌다. 다양한 어휘를 현재 어법에 맞게 구성되어 있어 한 글자 한 글자 또박또박 큰 목소리로 읽으면 구형도 잡힌다. 그리고 나서 어절(띄어쓰기 단위)로 읽게 된다면 아주 리얼한 느낌까지 줄 수 있다. 내용을 읽으면서 생각 정리를 같이 한다면 더욱 좋다. 생각 정리는 신문에서 본 내용을 근거와 주장 형식의 카테고리로 나누고 자기 생각으로 정리해 나가는 방법이다.

어휘력을 키우는 읽기 방법

책이나 신문을 읽을 때 그냥 읽는 것보다 구형을 정확하게 하는 것이 중요하다.
눈으로만 보는 것보다 더욱 효과적이다.
① 천천히
② 또박또박
③ 배에 힘을 주고
④ 목소리 크게
⑤ 자연스럽게
이렇게 읽으면 발음과 발성까지 좋아지는 일거양득의 효과를 볼 수 있다.

핵심 찌르기, 스크립트를 활용하여 연습하라

스피치를 할 때 원고를 보면서 진행하는 것 자체는 문제가 없지만 발표 내내 원고를 들여다보면서 진행한다든가 원고를 대놓고 읽는 것은 곤란하다. 원고를 보면서 하는 비율은 20% 이내가 적당하다. 발표를 할 때 보조 수단으로, 키워드를 담은 스크립트를 사용하는 것이 좋다. 스크립트에 적은 내용은 머릿속에 기억해 놓고, 발표하는 과정에서 원고 전문을 보는 것이 아니라 중간중간 스크립트에서 힌트를 얻는 방법이다. TV 예능프로그램을 보면 알듯이 진행자 역시 내용을 다 외우지 못하고 일부 핵심을 적어 스크립트를 활용하여 진행을 하는 것을 종종 봤을 것이다.

스크립트의 효과적 활용법

- 손바닥 크기의 카드를 사용한다. 손에 쥘 수 있는 손바닥 정도 크기의 카드를 사용하면 된다. 큰 종이는 청중의 시선을 분산시킨다.
- 처음부터 작은 용지에 적어 연습하는 것 보단 손바닥 크기의 용지에 적어 연습하는 것을 추천한다. 용지를 점점 작게 만들어 연습하라는 것이다. 긴장한 상태에서 글을 보게 되면 작은 글씨가 눈에 잘 안 보이므로 글자가 커야 눈에 잘 들어온다. 그리고 중요하다고 생각하는 건 색으로 구별하고, 잘 안 외워지는 내용은 체크 표시를 하면서 연습해야 한다.

- 주제는 꼭 적는다. 스피치를 할 때 잘 까먹는 건 주제이다. 꼭 스크립트에 주제부터 먼저 적어 주어야 한다. 그리고 이야기의 핵심 주제나 주요 문장을 시간대별로 배치한다. 이렇게 하면 이야기의 순서와 흐름을 매끄럽게 유지하는데 도움이 되고, 한 주제에서 다음 주제로 전환할 때 시작 문장을 적어 놓고 봄으로써 연결을 자연스럽게 할 수 있다.

- 키워드, 주요 문장을 적는다. 주제에 맞는 이야기에 핵심키워드가 중요하다. 핵심을 적고 외우기 힘든 통계 수치, 고유명사, 인용문 등을 적어 놓고 사용한다. 이런 경우 들여다보는 것이 오히려 자연스럽다. 그러나 한 대목에서 두 번 이상을 보게 되면 효과를 반감시킨다. 그렇게 하려면 충분한 사전 연습이 필요하다.

주제 : ______________________

① 핵심키워드만
② 핵심키워드만
③ 핵심키워드만

예 | 주제 : 건강해지는 법

① 아침식사
② 매일 30분 운동
③ 긍정적인 생각

모든 내용을 기억하기엔 어려움이 있다.
그것을 해소하기 위해 메모를 활용하여
스피치를 연습하면 편하게 할 수 있게 된다.

스피치의 기본 구성법은 3단으로 완성시켜라

대중 앞에서 스피치를 하다 보면 말문이 막히고 머리가 백지처럼 새하애진다. 이걸 쉽게 해결할 수 있는 방법은 구성법에 대해 준비를 해 두는 것이다. 구성법이라 하면 서론, 본론, 결론의 구성을 말한다. 이것을 스피치의 기본 구성법인 3단 구성법이라고 한다. 3단 구성도 패턴이 있다. 그 중에 가장 흔하게 사용하는 패턴이 있다. A-B-A 구성법이다

A : 인사(소개), 주제 언급 → 서론
B : 내용 전개 → 본론
A : 주제 정리, 마무리 인사 → 결론

가장 쉬우면서 우리 주변에서 흔히 쓰는 것이 3단 구성법이다. 이런 3단 구성을 자신에게 맞게 편하게 사용해야 한다. 특히 서론, 본론, 결론을 자신에 맞는 호흡으로 나눠 각 부분을 패턴의 단어와 문장, 사례들로 채워나가야 한다. 한번 서론, 본론, 결론의 틀을 마련해 두면 각 상황 별 스피치에 맞게 내용들을 변경해 나가면 되니 유용하다. 그리고 자신에게 맞는 내용을 연습해 보는 것이다.

서론 : 인사말(소개) → 분위기 전환 멘트 → 주제 언급
본론 : 내용 전개 → 부연 설명
결론 : 마지막 정리 → 마지막 인사말

이런 기본 구조를 가지고 연습을 계속한다면 3단 구성이 쉽게 된다. 가장 기본적인 구성법이라는 것은 논리적이고 체계적으로 말을 할 수 있는 기본 구조라는 말이다. 이런 기본 구조를 잘 활용하면 아주 훌륭한 패턴 스피치를 할 수 있다.

스피치의 내용 구성에서 서론은 전체의 10~30% 정도면 안성맞춤이다. 그리고 본론은 50~80% 정도로 이야기의 대부분을 차지한다. 결론은 5~30%로 시작과 끝은 간략하면서 핵심을 말하는 게 중요 키워드이다. 스피치란 본론의 내용이 가장 많아야 한다.

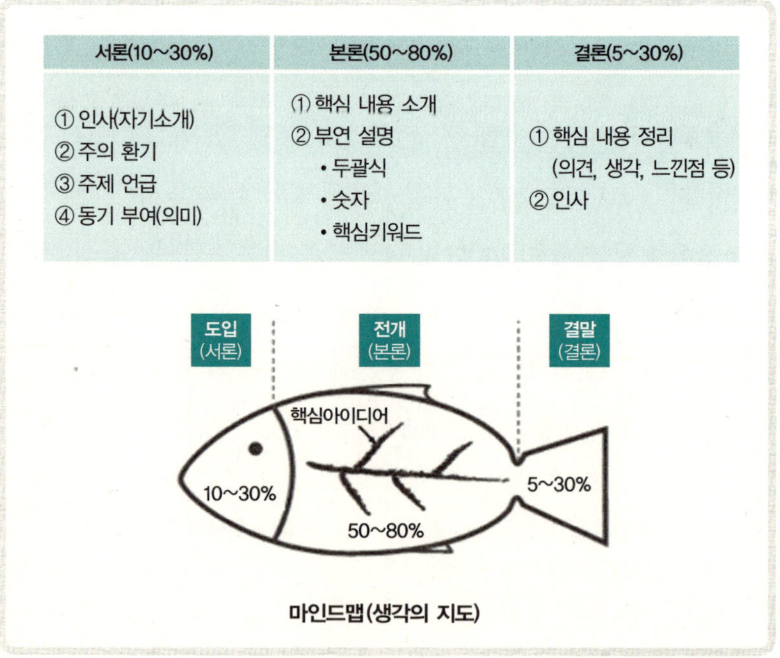

마인드맵(생각의 지도)

이야기의 주제를 통해 왜 이 주제가 중요한지 의미 부여를 해주고 나면 서론의 의무는 끝난다. 본론에서는 다양한 핵심 내용들을 서술형이 아닌 숫자형으로 구술하면 아주 짜임새 있는 이야기가 나온다. 이런 이야기 구성을 숫자 경영이라고 표현하는데 기업도 경영을 잘해야 운영이 잘되듯 스피치도 숫자 경영을 통해 체계적으로 경영을 해야 한다.

가장 좋은 스피치 형식은 두괄식 기법으로 이야기 핵심을 앞에 세우고 부연 설명하는 방법이다. 이렇게 하면 자연스럽게 이야기의 맥

숫자 경영 스피치

주제 : 성공을 하기 위해 무엇이 필요한가?

〈서론〉 안녕하십니까?

오늘의 강사 이성호입니다.

오늘 제가 이 자리에 나온 이유는 여러분들에게 성공하기 위한 3가지 조건에 대해 말씀 드리려고 나왔습니다.

〈본론〉 첫째 ________________________________

둘째 ________________________________

셋째 ________________________________

〈결론〉 여러분, 우리 모두 열심히 하여 성공인이 됩시다.

끝까지 경청해 주셔서 감사합니다.

이런 순으로 틀을 짜고 내용을 넣어 연습해 보아라.

틀이 머릿속에서 일목요연하게 정리되고, 말이 술술 나오게 된다.

이 쉽게 나온다. 그래야 쉽게 청중들이 이해하고 중요하다는 인식도 하게 마련이다. 그리고 결론엔 정리가 중요하다. 정리를 제대로 해야 청중들에게 앞의 내용을 다시 상기시킬 수 있고 이해도를 높일 수 있다.

설득의 기술, 몬로의 5단 구성법

스피치는 설득이다. 이런 설득 스피치에서는 내용이 아주 중요하다. 내용을 어떻게 짜임새 있게 짜서 말을 하느냐가 관건이다.

설득의 기술을 제대로 익히고 싶다면 몬로의 5단 구성법을 알아야 한다. 이 구성법은 미국 스피치학의 권위자 앨런 H.몬로 교수가 창안하였고 청중의 심리를 목적지에 이끄는 가장 좋은 설득 스피치라고 한다. 이 구성법은 현재 널리 사용되고 있으며 많은 사람들이 이 스피치를 응용하기도 한다.

몬로의 5단 구성법

주의 환기 → 필요 제기 → 해결 제시 → 해결의 구체화 → 행동 촉구

❶ 주의를 끄는 단계(주의 환기) ——— 분위기 전환 멘트

  • 대담하고 기발한 표현 / 유머나 위트, 현장과 관계된 이야기

  • 놀라운 사실(뉴스) / 청중의 반응을 유도하기 위한 질문 / 속담이나 격언

❷ 필요성 부각 단계(필요 제기) ——— 말 때문에 손해 본 경험

  • 그 문제를 말할 수 있는 발표자의 입장

  • 주제에 대한 목적이나 윤곽을 제시 / 현실에 대한 문제의 심각성

❸ 필요를 충족시키는 단계(해결법 제시) ——— 그래서 스피치 학원에 왔다

  • 중심적 의견의 솔직한 표현 / 중요한 사건, 현상에 대한 희망적 메

    시지

❹ 구체화의 단계 (해결의 구체화) ——— 스피치 학원의 좋은 점 말하기

  • 이유와 근거 / 사실, 통계, 조사, 보고 인용

  • 전문가의 말 인용 / 명확한 공약 제시

❺ 행동으로 이끄는 단계(행동 촉구) ——— 열심히 공부하자

  • 비전 제시 / 주제에 따르는 결의 표명 / 요점을 명확히 하기 위한 요약

위의 구성법이 바로 짧게 핵심을 말하게 하기 위한 몬로의 방법이기
도 하다. 스피치는 될 수 있는 한 짧게 하는 것이 좋다. 그래야 청중들
이 지루해 하지 않고 산만해 하지 않는다. 설득력을 키우고 싶은가? 그
렇다면 몬로의 5단 구성법을 공부해 보는 방법을 추천한다. 이 구성법
은 말들을 짜임새 있게 바꿔 주는 가장 좋은 방법이다. 그렇다면 몬로

의 5단 구성법을 누가 많이 애용을 할까? 우리 주변에서도 흔히 볼 수 있는데, 지하철에서 물건을 파는 사람들을 보면 몬로의 5단 구성법을 사용하여 사람들을 설득한다. 지하철에서 물건을 팔 때도 많은 연습을 통해 고객을 설득시킨다는 것을 알아야 한다. 짧은 시간에 강렬하게 설득해야 할 때 좋은 방법이다.

제대로 된 피드백을 해라

항상 강조하지만 스피치를 잘하기 위해선 자신부터 진단을 해 봐야 한다. 스피치는 준비부터 연습까지 철저하게 이루어져도 변수들이 항상 존재한다. 스피치를 잘하고 싶다면 스피치 후에 꼭 피드백을 체크해라. 그런데 도대체 무엇을 피드백 해야 할까? 그것은 스피치 일지를 통한 자신의 스피치를 매순간 일기 형태로 써보는 것이다.

자신이 고쳐야 할 부분을 목표를 정해서 하는 것이 중요하다. 우선 목표를 정해 놓고 자신에게 부족했던 이유를 생각해 보고 정리해 본다. 어느 정도 실행되고 있는가를 스스로 생각해 보는 시간을 갖는 것이다. 스피치 목표를 정해 매일매일 체크하는 것은 처음엔 귀찮을 수 있다. 하지만 시간이 지나면 지날수록 자기 자신의 스피치를 인정하고 문제점에 대해 생각해 볼 수 있어 자신의 실력을 체크하기에 가장 적

1. 원인 분석 → 2. 문제점에 대해 생각하기 → 3. 문제점 분석 → 4. 해결 방법 찾기 → 5. 피드백하기

원인 분석

문제점에 대해 생각하기 및 문제점 분석

2013년 1월 1일	2013년 2월 1일	2013년 3월 1일
1. 스피치 첫번째 목표 : 천천히 말하기	1. 스피치 두번째 목표 : 시선 마주치기	1. 스피치 세번째 목표 : 목소리가 작다
2. 안되는 이유 : 마음이 급하다. 빨리 끝내고 싶다.	2. 안되는 이유 : 사람들의 눈빛이 부담스럽다.	2. 안되는 이유 : 자신감이 부족하다. 중요한 발표 때 식사를 거른다.
3. 해결방법 1) 회의 진행 시 천천히 말해보기 2) 가족들과 식사하는 자리에 천천히 대화해 보기 3) 책을 천천히 읽어 보기	3. 해결방법 1) 출 퇴근시 버스 지하철 시선 마주치기 2) 점심 식사시간에 식당에 있는 사람들 시선 마주치기 3) 회의 진행 시 주변 시선 마주치기	3. 해결방법 1) 책을 큰 목소리로 읽어본다. 2) 브리핑 시 내 목소리를 녹음해서 들어 본다. 3) 집에서 주제 스피치를 정해서 크게 해 본다.
4. 진행 과정 1월 12일 회의 진행 시 해보았음 - 천천히 하다가 빨리 끝내야 하는 상황이 와서 너무 급하게 말했음 → 다음엔 내용을 줄이든가, 이야기의 핵심만 말해서 천천히 해보겠음 1월 14일 회식자리에서 건배 제의 - 긴장은 되었지만 천천히 해보았음 → 주변에서 잘했다고 함	4. 진행 과정 2월 1일 출 퇴근 지하철에서 진행 (의자에 앉아 있는 상태에서 내리고 타는 사람들 시선 마주치기) → 처음엔 부담스럽고 얼굴이 빨개졌음 → 2월 3일부턴 어느 정도 자연스럽게 응시 했음 → 다음엔 더 넓은 범위를 정해서 해보겠음	4. 진행 과정 3월 2일 자기 전에 10분간 큰 목소리로 책 읽어 보기 - 주변에 신경 쓴다고 제대로 못했음 - 3월 4일 공원에 가서 큰 목소리로 읽어 보았음 → 의외로 큰 거 같았음 - 3/5일 녹음 → 약간 개선 된 것 같지만 부족함 - 3/8일 녹음 → 전보다 커진 것 같고 발음도 약간 좋아졌음 - 3/10일 회의진행 시 주변에서 목소리가 커졌다고 함

해결 방법 찾기

피드백하기

합한 훈련 방법이다.

예를 들어 자신의 스피치 문제점이 청중들과 시선을 못 마주치는 점이라고 해 보자. 그럼 목표는 '사람을 보자' 라는 생각으로 시작하는 것이다. 자신의 문제점을 매순간 인식하는 것이 중요하다. 업무 다이어리에도 써 두고, 벽에도 붙여 둬라. 매번 의식적으로 인식해서 일상 생활에서도 사람들과 눈을 맞추는 식의 연습이 필요하다. 말을 빨리하는 습관을 가진 스피커 역시 이런 방법을 권한다. 종이에다 '천천히'라고 적어두고 연습해 보자. 처음엔 말하기 급해 종이의 내용을 보기 힘들지만 점점 머릿속에 생각이 나고 점점 말의 속도가 느려지는 자신을 발견하게 될 것이다. 즉 스피치 일지에 적고 반성도 하면서 실행하면 생각보다 쉽게 잘못된 점들을 고쳐 나갈 수 있다.

일본의 소프트 뱅크 손정의 회장의 말이다.

"눈앞을 보기 때문에 멀미를 느끼는 것이다. 몇 백 킬로미터 앞을 보라. 그곳은 잔잔한 물결처럼 평온하다. 생각만 해도 기분이 좋지 않는가?"

처음부터 스피치를 잘하는 사람은 없다. 문제점이 있으면 찾아 고치면 될 일이다. 피드백에는 3가지의 피드백이 있다. 하난 학원을 찾아 전문가에게 부족한 부분을 피드백 받는 경우, 또 다른 것은 학습자끼리 서로의 문제점에 대해 나누는 경우, 마지막은 본인 스스로 문제점을 느끼고 하는 피드백. 이 3가지 중에 가장 변화가 빨리 오는 게 무엇일까? 바로 본인 스스로 문제점을 알고 느끼고 고치려는 피드백이다. 옛 말에 평양 감사도 본인이 싫으면 안 한다고 했다. 결국 자신이 느끼고 생각을 해 보는 만큼 훌륭한 피드백은 없다. 훌륭한 스피커는 자기 자신의 문제점을 알고 고쳐 나간다. 그리고 그 훌륭한 스피커가 당신이 될 수 있다.

성공하는 리더를 결정하는
패턴 스피치

리더가 성공을 하려면

첫 번째 스피치를 잘해야 하고

두 번째도 스피치를 잘해야 하고

세 번째도 스피치를 잘해야 한다.

스피치를 잘하는 순간 자연스럽게 모든 것은 따라온다.

성공하는 리더들은 스피치로 감동을 준다. 때론 한마디의 말로 청중들을 감동시켜 뜨거운 박수를 받기도 하고 경청과 질문을 통해 상대의 이야기를 쉽게 끄집어내는 능력을 가지고 있다. 특별한 에피소드를 가진 리더도 있고 칭찬과 인정의 말로 사람들을 응원하기도 한다. 성공한 리더들의 면면을 살펴보면 자신만의 패턴이 존재한다.

리더가 가져야 할 스피치를 한 단계 업그레이드 시키기 위해선 내용과 기술보다는 자신만의 패턴을 가져야 한다.

카사노바가 멋지고 잘생겨서 인기가 많았을까? 그건 아니다. 그렇다면 카사노바는 어떻게 수십 명의 여자 마음을 사로잡았을까? 도대체 그가 가지고 있는 힘은 무엇일까? 그에게는 그만의 매력이 존재한다.

> 매력魅力 홀리다 매, 힘力 : 사람의 마음을 사로잡아 끄는 힘

왠지 모르게 끌리는 사람은 어떤 사람일까? 이는 바로 스피치에서 판가름 난다. 스피치를 어떻게 하느냐에 따라 매력이 결정된다.

오바마의 스피치를 예를 들어보자. 그의 스피치는 청중들의 시각과 청각을 모두 사로잡는 힘이 있다. 미국 전역 사람들을 감싸 앉을 듯 큰 제스처는 강인하면서도 따뜻한 인상을 남긴다. 또한 단호하고 강한 어조와 절도 있는 시선 처리는 상대방에게 신뢰감을 준다.

매력적인 스피커로 손꼽히는 또 한 명의 인물, 오프라 윈프리는 토크쇼에서 뿐만 아니라 만나는 사람마다 포옹으로 인사를 시작한다. 거지나 노숙자를 만날 때나 교황이나 대통령을 만날 때 그녀의 포옹 인사는 동일하다. 그녀는 행동으로 "난 당신을 귀하고 존경하고 사랑합

니다"라고 말하고 있다. 그만큼 상대방은 존중 받는 기분으로 그녀를 만나게 되고, 자신이 받은 관심만큼 그녀를 대접하게 된다. 이렇듯 그들에게는 그들만의 특별한 패턴이 존재한다.

그러나 비단 이러한 패턴은 성공한 리더들만 가질 수 있는 것이 아니다. 스피치로 인정을 받고 싶다면 반드시 자신만의 스타일을 살린 패턴을 만들어야 한다.

적극적으로 경청하라

어린 왕자에 이런 내용이 있다.

"세상에서 가장 어려운 일이 뭔지 아니?"

"흠… 글쎄요, 돈 버는 일? 밥 먹는 일?"

"세상에서 가장 어려운 일은 사람이 사람의 마음을 얻는 일이란다."

그렇다. 세상에서 사람을 얻는 것만큼 어려운 일은 없다. 사람의 마음을 얻기 위해서는 상대방의 마음을 먼저 알아야 하고, 마음을 알기 위해서는 그의 소리에 귀를 기울여야 한다. 경청의 한자를 살펴보면 청자는 들을 청聽자이다. 이 한자를 풀이해 보면 "왕王처럼 큰 귀耳로 열 개+의 눈目 즉 진지한 눈빛으로, 하나一된 마음心으로 진심을 다해 들어

주라"라는 뜻이 숨어 있다. 이청득심以聽得心이란 말이 있다. '귀를 기울여 들으면以聽 사람의 마음을 얻을 수 있다得心' 라는 말이다. 영국 속담에는 '지혜는 들음으로써 생기고, 후회는 말함으로써 생긴다' 라고 했다. 아라비아 속담에서도 '듣고 있으면 이득을 얻는다. 말하고 있으면 남이 이득을 얻는다' 라는 말도 있다. 그리고 구약성서에 보면 '내 사랑하는 형제들아. 너희가 알거니와 사람마다 듣기는 속히 하고 말하기는 더디 하며, 성내기도 더디 하라'라는 말이 있다. 탈무드에서도 '귀는 친구를 만들고 입은 적을 만든다' 했다. 경청은 동서고금을 막론하고 다 중요하게 여긴 덕목이다.

리더는 그만큼 경청의 힘을 알고 믿어야 한다. 자신과 조직을 성공시키고 싶으면 경청을 해야 한다. 상대를 내편으로 만들기 가장 쉬운 방법이다.

경청으로 사람의 마음을 훔쳐야 한다

마음을 훔치려면 경청 스피치가 필요하다. 경청은 성공한 기업의 덕목이기도 하고 성공을 하려면 사람의 이야기에 귀를 기울이라고 했다. 미국의 전 대통령인 빌 클린턴을 만나 독대한 정보 기술IT 기업 오토데스크의 최고경영자CEO 캐럴 바츠의 이야기를 보면 "클린턴을 만나는 동안 이 세상에 마치 클린턴과 나밖에 없는 것 같은 느낌을 받았다"면서 클린턴의 마음을 다스리는 경청 능력에 찬사를 보내는 글을

월스트리트 저널에 기고한 적이 있다. 그렇다면 경청의 방법은 무엇이 있을까?

- 시선은 부드럽게 상대방을 바라본다.
- 몸을 상대방에게 약간 기울인다.
- 상대방과 입장을 바꾸어 생각해 본다.
- 지레짐작, 선입견, 편견을 갖지 않고 상대방을 대한다.
- 고객을 끄덕이면서 "아. 예"를 사용한다.

사람들은 누구나 상대가 자신의 이야기를 들어주기를 바란다. 하지만 생각보다 듣기는 어렵다. 그리고 마음으로 듣기엔 더더욱 어렵고 힘들다. 하지만 상대방의 이야기를 적극적으로 경청을 하면 상대도 자연스럽게 내 편으로 만들 수 있다.

듣기 싫어도 상대를 부드러운 시선으로 바라보고, 경계심을 풀자는 마음으로 몸은 약간 앞으로 기울이고, 말의 중간마다 상대의 입장에서 생각해 보고, 지레짐작, 선입견, 편견을 갖지 않고, 들으면서 상대방의 말에 적당히 "아. 예" 등으로 맞장구를 친다. 고개를 끄덕이면서 손으로 간간히 맞장구 쳐주는 박수야말로 경청법의 환상의 콤비다.

우리는 오픈 마인드Open mind가 중요하다고 말을 한다. 경청은 사람을 오픈 시킬 수 있는 가장 중요한 표현 수단이다. 마음으로 경청하기 위해선 생각을 비워야 한다. 간혹 머릿속에 생각들이 귀를 막게 된다. 저 사람의 의도는 뭘까, 왜 이런 말을 할까? 등의 생각이 상대와 거리를 만든다. 다시 말해 오픈 마인드가 되기 위해선 오픈 이어Open ears를 해야 된다. 또한 말하는 이가 마침표 찍을 때까지 끝까지 들어줘야 진정한 경청이다. "내 귀가 나를 현명하게 만들었다"란 칭기즈칸의 말이 있듯이 성공을 하려면 듣는 귀가 중요하다.

말하기에는 기술이 필요하지만 말을 잘 듣기 위해선 마술이 필요하다

사람들은 수많은 언쟁 속에 살고 있다. 언쟁이 벌어지는 경우 우리는 십중팔구 상대방 말을 끝까지 듣는 경우가 없다. 반드시 중간에 상대방 말을 끊고 "아니, 그러니까 내 말은…" 천편일률적으로 말 끊기 시합이 벌어진다. 누구나 자신의 생각과 말이 옳다고 생각한다. 그러나 지금부터라도 상대방의 생각과 말을 경청하면 어떨까? 경청을 상대방이 먼저 해 주기를 바라지 말고 자신이 먼저 해라. 이런 과정 속에서 사람을 얻게 된다. 인간 관계에 방법 중에 경청도 중요하지만 듣고 싶은 말을 해주면 그 사람은 알아서 따라온다.

　KBS '대국민 토크쇼 - 안녕하세요' 란 프로그램이 있다. 그 프로그램은 벌써 100회가 넘었다. 어디 가서 하소연 할 때 없는 시청자들이 나와 자신의 고민을 얘기하고 함께 해결해 나가는 프로그램이다. 누구나 고민이 있기 마련이다. 처음에는 시청률 부진으로 고전을 면치 못했던 이 프로그램이 100회를 넘어 장수하고 있는 비결은 무엇일까? 그것은 바로 MC 이영자, 신동엽, 컬투와 패널들이 출연자들의 이야기를 주의 깊게 경청하며 경험에서 우러나오는 상담사 노릇도 마다하지 않기 때문이리라. 그렇다. 이것이 바로 경청의 힘이다. 경청은 듣고 싶은 말을 해 줄 수 있는 가장 쉬운 방법이다. 경청은 본능이 아니라 학습이다. 부처의 마음으로 경청 귀를 만들어 보는 것이 어떨까?

1분 동안 마음을 훔치는 스피치를 하라

사람의 태도에 대한 연구조사를 보면 한 가지 일에 2분 이상 집중하기가 힘들다고 한다. 특히 TV를 보면 다양한 광고가 나온다. 이런 광고의 공통점을 보면 대게 30초를 넘기지 않는다는 것이다. 즉 짧은 시간 내에 광고가 원하는 내용을 함축적으로 전달해야 한다는 것이다. 스피치도 어쩌면 광고와 비슷하다. 정해진 시간 내에 얼마나 많은 것들을 청중들에게 전달할 수 있는가? 또한 자신이 의도한 것을 정확하게 전달할 수 있는가가 무엇보다 중요하다.

한정된 시간 내에 핵심을 정확하게 전달하고 싶다면 1분과 3분 스피치 연습이 중요하다. 많은 이야기를 하는 것보다 짧은 시간 안에 말을 정리하는 연습이 더 중요하다. 내용을 늘리는 것은 어렵지 않다. 오히려 짧게 줄이는 것이 어렵다. 짧은 내용으로 청중들에게 깊은 인상을 남기는 스피치야말로 우리의 스피치 이상형이다. 그러기 위해선 이야기의 핵심을 아는 스피치를 구사해야 한다. 그래야 상대방에게 단 번에 집중력 있게 전달이 가능할 것이다.

- 내용(What → 무엇을 전달 하는가?)
- 전달 방법(How → 어떻게 전달하는가?)
- 인품(Look → 어떻게 보이는가?)

1분 스피치만 잘해도 사람들은 스피치를 잘한다고 느낀다. 1분 스피치는 실생활에서 많이 사용되는 스피치이다. 회식자리에서는 3분도 길다. 이런 자리에서 한 사람의 말이 1분을 넘는 순간 사람들은 지루해한다.

그러나 짧게 하는 스피치라고 우습게 보지 말아야 한다. 1분 스피치에도 일정한 패턴이 있다. 처음에는 인사나 자기 소개가 아주 중요하다. 그리고 이 자리에 나온 목적이나 주제에 대해 말해줘야 한다. 그리고 그 이야기 속에 핵심을 간결하게 말해도 이야기는 통하기 마련이다.

— 안녕하십니까. 이성호입니다.

제가 이 자리에 나온 이유는 2013년도 각오에 대해 말씀 드리려고 나왔습니다.

작년에 어렵고 힘든 시기가 지나갔습니다.

올 상반기만 열심히 하면 되는데 "일신일일신우일신(날로 새로워지려면 하루하루를 새롭게 하고 또 새롭게 하라)"이란 각오로 일하겠습니다.

항상 새로운 마음으로 한다면 이 어려운 시기를 멋지게 보낼 것 같습니다.

더욱더 열심히 하는 이성호가 되도록 하겠습니다.

감사합니다.

스피치를 길게 하는 사람은 환영 받기 어렵다. 길게 늘어지는 스피치는 오히려 안하느니만 못한 결과를 얻기도 한다. 명스피커라 불리는 윈스턴 처칠은 명문대학교 졸업식 축사에서 짧으면서 강렬한 말 한마디로 청중들을 사로잡았다. 그 말은 "포기하지 마라. 결코, 결코 포기하지 말라"라는 말로 청중들에게 강렬하게 인상을 남겼다. 정확한 핵심만 있으면 아무리 짧게 말을 해도 훌륭한 스피치가 된다는 사실을 잊어선 안된다.

잔잔한 여운을 남기는 좋은 말을 준비하라

우리는 스피치의 중요성을 잘 알고 있다. 하지만 우리는 항상 사람들 앞에 서길 꺼리고 피하게 된다. 그럼에도 우리는 모두 스피치를 잘하고 싶어한다. 특히 리더는 다양한 사람들에게 말을 해야 하는 경우가 많다. 그래서 준비가 필요하다. 가장 쉽게 준비할 수 있는 내용은 무엇이 있을까? 바로 주변에 익숙하게 보는 명언 같은 것을 준비해 보는 것이다.

한번 실패와 영원한 실패를 혼동하지 말아라. _스콧 피츠제럴드

실천이 말보다 낫다. _벤자민 프랭클린

웃음은 마음의 조깅이다. _노먼 커즌즈

시련은 있어도 실패는 없다. _정주영

사람은 책을 만들고 책은 사람을 만든다. _신윤호

이런 말들은 우리들에게 쉽게 와 닿고 어느 자리에서든 응용이 쉽다. 그리고 의미까지 담겨 있다. 명언 한마디 던지고 마지막에 의미 한마디만 붙이면 얼마나 훌륭한 스피치가 되겠는가?

— 여러분 벤자민 프랭클린이 이런 말을 했습니다. "실천이 말보다 낫다" 우리는 말만 내세우고 실천을 안 하는 경우가 많습니다. 여러분 말보다 먼저 행동으로 보여주십시오. 그러는 순간 우리 조직은 훌륭한 조직으로 거듭날 것입니다.

하루에 하나씩 명언을 공부한다고 생각해 봐라. 일년만 해도 365개가 된다. 그 정도 양이면 어느 자리에서든 든든한 지원군이 될 수 있다. 그리고 영화에 나오는 대사나 TV에 나오는 대사도 쉽게 다가갈 수 있는 내용이고 효율적으로 사용할 수 있는 콘텐츠가 된다.

여러분 어제 본 '직장의 신' 에서 이런 말이 나왔습니다. "똑같이 보여도 하나는 똥이고, 하나는 된장이야" 이 말을 보면서 제 자신이 조직의 똥인지 된장인지 생각해 보게 되었네요. 여러분은 무엇인가요?

이번 기회에 자신만의 명언 노트를 하나 만들어 보면 어떨까? 그러면 내용이 부족한 일은 없을 것이다. 그리고 가장 쉽게 사람들에게 관심을 받고 감동까지 주는 스피치를 구사할 수 있을 것이다. 리더라면, 아니 리더가 아닌 그 누구라도 명언 같은 훌륭한 말은 하나쯤은 자신의 가슴속 무기로 가지고 있어야 하지 않을까 하는 생각이 든다.

임팩트 있는 자기 소개를 하라

안녕하십니까? 비가 오면 생각나는 그때 그 사람 정광남입니다.

안녕하십니까? 레몬처럼 상큼한 김현지입니다.

안녕하십니까? 머털도사 김용석입니다.

안녕하세요? 샤론 스톤 같은 양현미입니다.

우리는 자기 소개가 중요한 시대에 살고 있다. 처음 사람을 만날 때 늘 우리는 자신을 소개해야 한다. 자신에 관해 멋지게 이야기하는 사람이 있고, 아주 심심하게 자기 소개를 하는 사람도 있다. 위의 소개는 재치 있게 자신을 표현함으로써 상대방에게 자신을 각인시키기에 좋은 소개이다. 우리는 대부분 "안녕하세요 OOO입니다"라고 소개한다. 우리가 일반적으로 익히 보는 자기 소개다. 말 그대로 너무 평범한 인사이다. 평범한 자기 소개로 상대방으로 하여금 관심을 끌기에는 부족하다.

자기 소개로 자신을 재치 있게 소개한다면 상대방은 자신을 오래 기억해 줄 것이다. 상황에 맞게 재치 있는 자기 소개를 준비해 보라. 자기 소개에 재치를 담는다는 것은 자신의 패턴을 만드는 것이다. 기업들만 광고를 한다고 생각하지 말자. 이제는 자기 P R시대이다. 상대방에게 자신을 확실하게 각인시킬 자기 소개가 우리에겐 필요하다.

자기 소개 스피치에서 가장 중요한 것은 먼저 '표정 + 태도 + 목소리' 이다. 즉, 밝은 표정과 자신감 있는 태도와 목소리로 자기 소개를 해야 재치가 빛을 낸다.

자기 소개를 할 때 일반적으로 우리는 이름과 출신, 소속, 취미, 특기, 나이, 가족관계 이런 것을 생각하는데 일반적이지 않은 자신의 매력 포인트를 곁들이는 것도 좋은 방법이다. 자신을 표현할 수 있는 수식어라든가, 이름 뜻풀이를 해준다든가, 삼행시 등과 같은 방법으로 해도 쉽게 각인이 된다. 심심한 자기 소개로 자기를 알리는 것을 이 시대는 원하지 않는다. 자기 소개 멘트를 하나 잘 만들면 평생 쓰지 않을까? 준비와 연습을 통해 자신의 매력을 제대로 표현할 수 있는 수식어를 하나쯤은 꼭 만들어 보자. 이 같은 연습은 자신의 패턴을 찾기에 좋은 훈련 과정이 된다.

- 이룰 성에 큰대 크게 이룰 이성대입니다.

- 가을비, 이추우李秋雨입니다.

- 저는 이주호입니다. 이름에도 술 주에 좋을 호

  술을 좋아하기 때문에 이 자리에 왔습니다.

- 비가 오면 생각나는 그때 그 사람 ○○○입니다.

- 여러분께 나그네란 삼행시로 절 표현해 보겠습니다.

  나 : 나는 그대를 사랑합니다.

그 : 그대도 나를 사랑합니까

네 : 네, 나그네 같은 000입니다.

- 저는 반가운 여자 현명한 여자 정다운 여자 방현정입니다.
- 21세기 빛나는 주인공 이철수입니다.

에피소드를 활용하라

이야기에도 등급이 있다. 책의 이야기를 발췌하여 말하는 경우는 하급 정도의 수준이다. 남의 경험을 인용하는 수준은 중급이고 자신이 겪은 일을 이야기 하면 상급이라 한다. 자기가 가진 이야기를 상대와 나눌 수 있다는 것만큼 좋은 재능도 없다.

그래서 우리는 살아온 이야기를 해야 한다. 우리가 느끼고 주변에 있는 이야기야말로 쉽게 공감이 가고 다시 한 번쯤 우리에게 잔잔한 여운을 준다. 그게 바로 에피소드의 힘이다. "제가 어제 아내의 유혹을 봤는데. 주인공 변한 것 보니 너무 무섭지 않나요?" "야 어제 000 영화를 봤는데, 진짜 죽이더라." "엄마. 어제 학원에서 공부하다가 이런 일이 있었어요." 너무도 평범하다고 무시하는가? 이런 짤막한 우리 이야기야말로 사람들이 부담을 느끼지 않고 편안하게 들을 수 있는 아주 좋은 스피치 화젯거리다. 이런 에피소드를 활용한 스피치는 사람의 귀를 즐겁게 만든다. 입을 즐겁게 하기 위해선 맛있는 음식을 먹어야 하고 스피치를 즐겁게 만들려면 말의 에피소드가 있어야 한다.

에피소드는 주변에 일상적인 이야기를 편안하게 하는 것이다. 대부분 말을 하다 보면 인위적인 말을 많이 하는데 에피소드야말로 편안한 스피치를 하기에 적합한 소재이다. 이런 생활 속의 이야기를 아주 실감나게 하면 더욱 좋을 것이다. 에피소드는 큰 목소리가 필요하진 않다. 그리고 상대방에게 가르친다는 느낌보다 편안하게 이야기를 진행하면 된다. 그럼으로써 감정이입이 되는 것이다. 스피치는 살아있는 느낌을 줘야 한다. 그러기 위해선 삶의 이야기를 표현할 줄 알아야 한다.

에피소드를 더욱더 효과적으로 이야기하는 방법은 이야기를 한 후 그에 따른 느낀 점을 꼭 말하는 것이다. 그렇게 하면 상대방의 느낌을 알 수 있다. 아무리 좋은 에피소드라도 느낀 점이 없다면 감동은 없고 수다 밖에 안된다.

- 영화를 봐도 → 느낀 점과 배운 점
- 부부 싸움도 → 느낀 점과 배운 점
- 회사에서 회식을 하면서 → 느낀 점과 배운 점

느낀 점과 배운 점이 있는 스피치야말로 잔잔한 여운을 줄 수 있다.
어떤 음식이든 먼저 레시피가 있어야 한다. 그리고 다양한 식재료가 있어야 하고 음식을 만들 수 있는 기구와 장비들이 있어야 한다. 순서에 맞게 식재료를 넣고 기구와 장비를 활용하여 음식을 만든다. 여기까진 어떤 요리도 비슷할 것이다. 음식의 맛을 낼 수 있는 건 재료다. 그리고 음식을 만드는 사람의 비법이 있어야 한다. 내용이 아무리 훌륭해도 남이 써 준 내용으로는 청중을 설득할 수 없다. 자신의 경험담을 적절하게 활용하여 맛있게 만드냐에 따라 이야기는 달라진다. 스피치의 대가이자 명강사들은 자신의 에피소드를 활용한다. 에피소드는 스피치를 맛있게 만든다. 에피소드를 활용하면 귀가 즐거워지고 호소력 있는 스피치가 된다.

색깔 있는 에피소드 만드는 법

① 주변에 관심을 두고 바라본다.
② 오늘 하루 있었던 이야기를 정리해 본다.
③ 오늘 하루 가장 인상 깊었던 일에 대해 일기를 써 본다.

질문 스피치를 활용하라

스피치를 하다 보면 생각지도 못한 상황이 연출되기도 한다. 그것은 청중에게 생각지도 못한 질문을 받는 것이다. 생각지도 못한 질문은 스피커를 곤경에 빠트리기도 한다.

그렇다면 청중들이 질문을 하는 의도는 무엇일까? 정말 궁금해서 질문할까? 한 번 튀고 싶어서 질문할까? 알면서 테스트 하려고 질문할까? 그건 아니다. 진정한 질문의 의도는 정보를 얻기 위해서 하는 것이고 이해와 도움을 구하기 위해서이다. 그리고 상대방의 잘못된 정보, 주장을 수정을 하기 위해서 하는 것이다. 질문의 의도를 왜곡해서 생각하지 말고 마음 편하게 생각해야 한다. 질문을 하면 답이 나온다. 그리고 생각을 자극하고 정보를 얻는다. 질문을 통해 설득이 되기도 한다.

스피커가 원하는 질문은, 질문이 아니다

스피치를 하다 보면 순간 순간 질문을 하는 청중을 만나게 된다. 발표를 하는 도중 청중들이 던지는 질문에는 어떻게 대응해야 할까?

- 이야기 도중에 받은 질문 → 흐름을 조절할 수 있으면 받는다.
- 질문을 그대로 질문자에게 되묻는다.
- 다른 청중에게 질문을 던진다.
- 양해를 구하고 후일에 답한다고 약속한다.
  - 답변이 힘든 질문 → 솔직하게 모른다고 하고 다음에 확인해 준다고 한다.
  - 청중에게 질문을 던진다.

청중의 질문 유형에 따라 대응하는 방법도 달라야 한다. 자신이 알고 대답하기 용이한 질문을 청중에게 되물을 수 있지만 스피커가 이해가 되지 않는 질문을 다시 반문하는 경우도 있다. 그런 경우 상황이 난처해지는 경우도 있다. 질문을 할 때도 방법이 있다. 청중들은 이야기 중간에 질문을 하는 경우보다 스피치 끝나고 질문하는 경우가 많은데 이것을 대응할 수 있는 방법을 생각해 보는 것이다.

질문의 패턴

A : 오늘 발표는 여기까지입니다. 궁금하신 사항이 있으시면 질문해 주십시오.

B : 실장님께서 말씀하신 00프로젝트의 금액은 → 경청하기

얼마 정도 투자해야 합니까?

A : 방금 B께서 말씀하신 00프로젝트의 금액이 얼마 정도 투자하는가를 물어보신 것 맞지요? → 확인하기

B : 예 맞습니다.

A : 방금 B께서 말씀하신 내용은 저희 00 프로젝트의 → 공유하기

투자금액에 대해 물어보셨습니다. ○○프로젝트의 금액은 1억입니다.

왜 1억이나 투자 되냐면 ~ → 답변하기

A : 대답에 만족하셨습니까? → 확인하기

B : 예

질문은 스피치 중에서도 난이도가 아주 높은 스피치이다. 질문을 통해 상대방을 이해하고, 파악하면서 말하긴 쉽지 않다. 우선 상대방의 의도를 파악하기 위해 경청을 통한 확인하기 절차가 있어야 한다. 자신이 생각하는 의도와 상대방의 의도는 분명히 차이가 있을 수 있다. 그렇기 때문에 확인을 통해 정확하게 전달해야 하는 게 중요한 질문을 대응하는 요령이기도 하다.

그리고 질문을 받을 때 순간 머릿속이 새하얘지는 경험이 있을 것이다. 그것을 예방하기 위해선 질문자가 하는 중요한 핵심을 메모하는 것도 중요한 방법 중에 하나이다.

스피치의 긴장을 최소화하는 방법

스피치는 긴장의 연속이다. 긴장을 하다 보니 스피치의 내용에 대해 놓치는 경우가 있을 수도 있다. 이것을 해결해 주는 방법은 "메모"다. 메모는 또 하나의 기억 프로세스고 실수를 최대한 줄일 수 있는 가장 효과적인 방법이다.

매순간 신뢰를 쌓아가는 스피치를 하라

신뢰는 무언가를 믿게 만드는 힘이다. 이런 힘이 발휘되려면 관심과 배려의 말 한마디가 아주 중요하다. 이런 관심과 배려의 말은 생활 속에서 답을 찾아야 한다. 직장 생활을 하면서 항상 우리는 직장 상사의 눈치를 보기 마련이다. 부하 직원에게 먼저 다가가는 리더가 돼라. 처음에는 분명히 어색해 할 수도 있지만 관심을 받은 직원은 분명 자신을 따르게 될 것이다.

이 부장 : 김 대리 내일 생일 맞지?

김 대리 : 그것을 어떻게 아셨어요?

김 부장 : 자네는 우리 팀원인데 내가 잊을 수가 있나?

　　　　　내일 시간이 괜찮으면 점심이나 하지.

김 대리 : 저야 감사하지요.

이 부장 : 김 대리 어머니 많이 편찮으시다면서 어떠셔?

김 대리 : 많이 좋아지셨습니다.

이 부장 : 빨리 나으셔야 될텐데. 걱정이네.

이 대화 속에서 김대리의 기분은 어떨까? 직원에게 관심을 가져주는 상사의 마음에 고마워할 것이다. 리더는 이런 소소한 말도 잘해야 조직을 유연하게 이끌 수 있고 상대방의 재능을 이끌어 낼 수 있다.

> 나 사원 : 부장님 제가 커피 한잔 드릴까요?
>
> 이 부장 : 고맙지.
>
> 나 사원 : 부장님 커피입니다.
>
> 이 부장 : 나 사원. 커피가 왜 이렇게 써?
>
>   이게 커피야, 소태지? 다시 타 와.
>
> 나 사원 : 예.......

이 대화 속 나 사원의 기분은 어떨까? 다음에도 부장에게 직접 커피를 타서 주고 싶을까? 아마도 스스로 커피를 타서 가져다 주는 능동성은 기대하기 어려울 것이다. 이렇게 말 한마디로 상대방에게 적으로 남을 수도 있다.

> 나 사원 : 부장님 제가 커피 한잔 드릴까요?
>
> 이 부장 : 고맙지.
>
> 나 사원 : 부장님 커피입니다.
>
> 이 부장 : 역시 나 사원이 타 준 커피는 예술이야.
>
>   너무 맛있네. 다음에도 부탁하네.

나 사원 : 당연하지요. 부장님 커피는 제가 항상 타 드릴게요.

대답을 바꾸는 순간 이야기의 흐름도 달라진다. 이게 바로 관심과 배려에서 나오는 스피치이다. 이런 관심과 배려는 상대방의 마음을 이해하려고 노력하는 자세에서 나온다. "남자는 자신을 알아주는 사람을 위해 목숨도 바친다"라는 말이 있다. 상대를 알아주기 위해선 관심과 배려의 말 한마디가 중요하게 다가오는 현실이기도 하다.

스피치는 특별한 날에만 잘하는 것이 결코 아니다. 평상시에 잘해야 상대방과 정을 나누고 신뢰가 형성이 된다. 평상시에 잘하면 없던 신뢰도 생기니 아침에 가볍게 시작해 보는 것은 어떨까? 큰 목소리로 인사부터 시작하는 것이다. 그러는 순간 무언가 달라지는 분위기를 느낄 것이다.

항상 칭찬과 인정의 말을 생활화하라

우리는 긍정보다 부정에 더 익숙하다. 우리의 말 중에는 긍정의 단어와 부정의 단어가 있는데 긍정의 단어는 1,000여 개 정도 된다고 한다. 그렇다면 부정의 단어는 몇 개가 될까? 2,000개 가까운 단어들이 있다고 한다. 뇌에서도 긍정이 들어오느냐 부정이 오느냐에 따라 생각과 말은 엄청 달라진다.

체육계 관계자들이 가장 존경하는 선수가 있다. 그 선수는 장미란 선수이다. 전국체전 10년 연속 3관왕과 올림픽 금메달리스트. 2012년 올림픽에서는 아쉽게 4위를 했지만 우리 가슴속엔 영웅으로 남아 있다. 장미란 선수는 포용 리더십으로 상대방을 다스렸는데, 예의범절을 어겼을 땐 후배들에게 따끔한 충고도 했지만, 사람을 품을 줄도 알았단다.

사람들은 그렇다. 부정을 인식하는 뇌가 더 발달되었다. 항상 주변에 보면 "너 이거 밖에 못해" "할 줄 아는 게 전혀 없군" "내가 그럴 줄 알았어" "웬일로 이런 걸 다해" "도대체 왜 그랬어" "그런 것도 몰라"라고 말하는 리더들이 있다. 특히 한 조직의 리더가 그 말을 했을 때는 서로간의 신뢰가 무너진다. 그런 말을 들었을 땐 당장이라도 일을 그만두고 싶어진다. 신바람 나는 조직을 만들고 싶으면 칭찬과 인정의 스피치를 자주 해야 한다.

- 칭찬 : 상대가 잘 했을 때 자신이 상대방을 높이 평가하고 있다는 심정을 상대방에게 전달
- 인정 : 상대방의 성품이나 행위의 과정, 결과를 객관적으로 알아주는 것

김 부장 : 이 대리 어떻게 이런 아이디어를 냈어,
　　　　　특히 이 프로젝트는 아주 신선해.

이 대리 : 감사합니다.

김 부장 : 내가 이래서 이 대리에게 맡기면 뭔가 기대가 돼.

이 대리 : 열심히 하겠습니다.

이런 말을 들은 직원은 분명히 서로간에 신뢰가 형성이 된다. 또한 직장 생활을 아주 즐겁게 할 수 있다. 똑같은 말이지만 형식적이게 느껴지는 칭찬과 인정의 말도 있다.

김 부장 : 수고했어. 이 정도면 괜찮은 거 같아.

이 대리 : 보충할 사항 없습니까?

김 부장 : 전반적으로 느낌도 좋고 무리가 없네. 고생 많이 했을 것 같아.

이 대리 : 예.

이런 칭찬과 인정을 들은 직원들은 구체적이지 못하고 형식적으로 느낄 것이다. 칭찬을 하기 위해선 사실과 과정을 적절히 넣어서 칭찬을 해야 한다. 그래야 그 칭찬과 인정을 합리적으로 듣고 직원 역시 의구심이 없게 듣는다. 이런 칭찬은 칭찬한 척 밖에 안된다. 직원이 바라는 피드백은 형식적인 게 아니라 구체적이면서 마음을 담은 말이다. 과정을 물어보고 진심으로 다독거려 주면 그 직원은 감동을 받아 날아 갈 것이다.

황금 칭찬법엔 구즉진심으로 서로에게 다가가라.

구. 구체적인 사실과 과정을 넣어

즉. 즉시 그 자리에

진. 진실 되게

심. 마음(心)을 담아서 이야기 해라.

칭찬 스피치는 자신의 편으로 만드는 가장 쉬운 방법이다

대부호인 록펠러 역시 칭찬의 대가였다. 부하 직원이 100만 달러에 달하는 손해를 낸 것에 대해 최선을 다한 부분을 인정하고 그의 노력을 칭찬하였는데. "자네가 아니었다면 이보다 더 큰 손해를 보았을 것이다. 자네가 애쓴 덕분일세"라고 했다. 이 말은 최선을 다해도 결과가 좋지 않은 부하 직원에게 인정과 격려의 말을 해줌으로써 서로 신뢰와 존경을 주었다고 한다. 리더의 칭찬과 인정의 공식은 조직의 신뢰와 존경으로 가는 지름길이 되기도 한다.

'회사에서 직장 생활 할 맛이 나는 경우는 어떤 경우인가?' 라는 주제로 설문조사를 한 적이 있다. 그 결과를 알아보니 자신이 하고 있는 일이 잘 진행될 때와 상사에게 신뢰를 받고 있다고 느낄 때, 그리고 자신이 하고 있는 일이 회사의 발전에 큰 영향을 줄 때라고 조사된 내용이 있다. 특히 일에 대한 의욕을 불러일으키는 사람은 75%가 리더이고 15%가 동료 직원, 5 %가 타부서 직원이라고 한다. 리더가 어떻게 하느냐에 따라 직원들의 의욕이 달라진다는 얘기다.

질책도 스피치다

직장 생활을 하면서 질책을 받는 것을 환영하는 사람은 없으리라. 대부분 질책을 부정적으로 생각하기 때문이다. 그러나 조직에서 적절한 질책은 필요하다. 적절한 질책이 있어야 문제점을 알고 교정이 되는데 이것을 회피하게 되면 더 큰 손실을 겪게 될 것이다. 질책에도 적절한 타이밍이 중요하다. 누군가가 잘못했을 때 적절한 질책을 하지 않으면 분명 그 조직은 나태해지고 질서가 무너지게 된다.

어느 회사에서 직원들을 대상으로 "언제 직장에서 스트레스를 받나" 라는 주제로 설문조사를 하였다. 직장에서 스트레스를 받을 때는 상사에게 질책을 받을 때(42.2 %)고 그 다음이 거래처와의 갈등(31.9 %), 동료와의 의견 차이(23.5 %)로 순이었다. 누군가에게 질책을 받으면 기분이 나쁜 것은 당연한 일이다. 리더는 질책도 상황에 맞게 잘해야 한다.

나 사원 : 부장님 죄송합니다.

이 부장 : 또 지각이야! 도대체 얼마나 말을 해야지 알아들어!

나 사원 : 주의하겠습니다.

이 부장 : 이건 뭐 시간을 지키길 하나 업무를 깔끔하게 처리하길 하나 도
대체 나 사원은 잘하는게 뭐야? 김 대리 일 하는거 안 보여? 보
고 좀 배워.

나 사원 : 예.

이 부장 : 에휴... 사람하고는.

주변에서 이런 질책은 많이 본다. 나 사원은 이런 질책을 받고 오늘
하루 일을 잘할 수 있을까? 분명 지각한 나 사원에게 문제가 있다. 하
지만 이 부장의 질책도 문제가 있다. 이런 질책은 자존심을 상하게 하
는 질책이다.

이 부장 : 거래처 문제를 왜 나한테 보고 안 해?

나 사원 : 죄송합니다.

이 부장 : 내가 허수아비로 보여? 지난번에도 그렇고 자넨 뭐가 우선이야?

나 사원 : 저, 부장님!!

이 부장 : 자넨 요즘 나에게 불만이 많아? 나한테 감정 있어?

나 사원 : 왜 그런 식으로 말씀하십니까?

이 부장 : 저 봐 저... 말버릇이 그게 뭐야! 업무 하나 제대로 처리 못하고
짐 싸서 나가~

직장 생활을 하다 보면 질책은 있기 마련이다. 그러나 잘못한 부분만 지적을 해야 한다. 자칫 감정 싸움이 될 수 있는 질책에서 불필요한 감정을 낭비하는 것은 바람직하지 못하다. 절대 핵심에 벗어나고 감정이 동반이 되면 안된다. 이성적으로 물어보면서 그 사람의 상황을 이해하려고 노력도 해야 한다.

즉 질책에도 순서가 있다.

- **시사** 示唆 : 미리 암시하여 반성 시키는 단계
- **충고** 忠告 : 잘못이나 허물을 진심으로 이해 시키고 타이르는 단계
- **주의** 注意 : 특정한 일에 대한 충고로서 일깨워주거나 경고하는 단계

시사 → 충고 → 주의 순으로 질책 순서를 정해 보아라. 질책은 직원으로 하여금 무엇이 잘못되고 깨닫게 함으로써 성장의 기회를 주는 거라고 생각하게 만들어야 한다. 무조건 야단치기보다 진심 어린 마음으로 충고를 해 줘야 한다.

먼저 시사는 암시를 주어 반성을 시키는 단계인데

이 부장 : 자네 무슨 걱정 있나? 요즘 지각이 잦네. *시사

나 사원 : 다음부터 지각 안 하겠습니다. 조심하겠습니다.

이 부장 : 그래. 주의 좀 해 주게나.

그래도 개선이 안되면 충고의 단계로 간다.

이 부장 : 우리 부서가 영업 부서인 건 알지? 영업에서 시간이 아주 중요
한 건 자네도 알고 있지? 지각하지 않게 조금만 더 서둘러서 오
게나. 알았지. *충고

나 사원 : 다음부터 지각 안 하겠습니다. 조심하겠습니다.

이 부장 : 그래. 주의 좀 해 주게나.

직원이 시사나 충고를 해도 반성할 기미가 없거나 깨닫지 못하는 경
우 주의를 주어 경고의 메시지를 줄 필요성이 있다.

이 부장 : 나 사원 왜 이리 지각이 잦아. 집이 가깝지 않다는 건 이해하지
만 신입사원이 나 사원 보고 뭘 배우겠나? 직장은 지각하면 안
되는 거 알지? 계속 지각하면 시말서를 받을 거니 알아서 하게.
* 강력한 주의

이 부장 : 요즘 우리 회사 실적이 10%나 떨어져서 회사가 어렵고 민감한
데 지각이 잦으면 되겠나. 이럴 때일수록 더 조심해야지. 이렇
게 지각하면 직원들이 뭘 배우겠나? 다음부터 지각하지 말게나.

질책도 분명 스피치다. 상황에 맞게 시사 → 충고 → 주의 순으로 체
계적으로 해야 직원들이 어렵지 않게 이해하고 고쳐야겠다는 동기부

여가 생긴다. 능력 있는 리더가 되려면 적절한 질책을 통해 교정에 들어가야 한다. 질책도 생각과 연습이 필요하다. 다시 한 번 강조하지만, 질책에 사사로운 감정이 들어가면 안된다. "자네는 예절이 없어, 그러니 인사를 하지 않지" 이런 식으로 감정이 들어간 질책은 하지 말고 "자네 요즘 뭐 걱정이냐? 인사를 잘하지 않는 거 같아" 이런 식으로 하는 것이 이상적이지 않을까 생각이 든다.

질책으로 시작하기보다 직원의 상황을 이해해주는 것에서 출발하는 것도 좋은 방법이다. 그리고 때론 칭찬으로 시작해 보아라. 그럼 직원은 분명히 고치려고 노력할 것이고, 자기 자신을 한번쯤 돌아보게 될 것이다. 질책은 리더의 잣대로 상대를 판단하는 일이 없도록 조심해야 한다. 자기만의 색안경으로 바라보고 있지 않는지 점검해 보고 다른 사람에게 질책과 평가하려 할 때 먼저 자기 자신을 먼저 돌아보고 진심 어린 마음으로 도와준다는 생각으로 해라. 그러는 순간 변화는 온다.

건배사에도 스토리가 있어야 한다

회식도 업무의 연장선상이다. 직원들을 독려하고 응원하는 자리에서의 건배사는 리더에게 중요한 스피치 중에 하나이다.

건배사를 하면 사람들은 긴장을 한다. 가장 현실적으로 사용하는 생활 속의 스피치이자 즉흥적으로 이루어지는 스피치가 건배사이기 때문이다. 그래서인지 건배사를 주제로 다룬 도서들이 서점가에서 빅히트를 치기도 한다. 건배사, 어떻게 하면 자리를 더욱 빛낼 수 있는 건배사가 될까?

건배사를 잘하기 위해선 모임의 성격과 상황, 대상을 먼저 고려해야 한다. 그리고 그 자리의 특성에 맞게 스토리를 덧입히는 것이다. 회사의 사훈, 비전 등 딱딱하지만 의미 있는 주제를 스토리로 만들어 하면 된다. 아니면 명언이나 생활 속에서 발견한 좋은 말들을 적절히 넣어 해 줘도 좋다. 아니면 시 한편을 암송하는 것도 아주 훌륭한 건배사가 되기 마련이다.

"올 한해 너무 고생하셨고 수고하셨습니다. 한해 동안 많은 일이 있었습니다. 우리 회사의 비전이 2014 4,000입니다. 2014년엔 꼭 4,000억을 이루기 위해 열심히 달리는 여러분께 진심 어린 마음으로 감사의 말씀드립니다. 이룰 수 있는 자신감으로 2014하면 4,000억이라고 외쳐 주세요. 2014 ~~~ 4,000억 ~~~"

"항상 고마운 사람들과 이런 훌륭한 자리에 있으니 너무 감사할 따름입니다. 2013년엔 더욱더 잘하자는 의미에서 제가 "열심히" 하고 외치면 "합시다"라고 외쳐주시는 겁니다. ~ 열심히 ~~ 합시다."

"노래 중에 '그대 없인 못살아' 란 노래가 있습니다. 전 여러분이 없

으면 못 삽니다. 제가 "그대 없이" 하면 "못 살아"라고 외치면서 잔을
부딪히는 겁니다. 그대 없이 ~~ 못살아"

그리고 흔히 사용하는 건배사 중에 3행시로 사용하는 건배사도 있
다. 이런 3행시는 쉽게 우리가 할 수도 있다.

"이 자리에 모인 직원들에게 전 나그네로 건배 제의하겠습니다. 운
을 띄워주시면 삼행시를 멋지게 만들어 드리겠습니다. 나 : 나 그대 사
랑합니다. 그: 그대도 나를 사랑합니까? 네. 위하여"

"올 한 해가 다 지나갔습니다. 내년엔 재건축하는 마음으로 사는 겁
니다. 재건축은 '재미나고 건강하게 축복받으며 살자' 란 의미입니다.
"재건축" 하면 "위하여" 하시는 겁니다. 재건축을~ 위하여 ~~"

"전 여러분을 사랑합니다. 제가 "사랑" 하면 "합니다"라고 외쳐 주
세요."

이런 가벼운 스토리를 넣어 건배사를 해도 분위기는 화기애애해진
다. 건배사를 아주 어려운 수학 공식으로 생각하는 경우가 있다. 하지
만 생활 속에 잔잔한 이야기를 넣어 하면 된다. 외국 영화를 보면 건배
사를 할 때 상황에 맞게 스토리를 넣어서 건배사를 하는 경우를 종종
본다.

건배사 멘트

① 직원 회식

남행열차 – 남다른 행동과 열정으로 차세대 리더가 되자.

오바마 – 오직 바라는대로 마음먹은대로 이루어지재!

② 송별모임

고사리 – 고맙습니다. 사랑합니다. 이해합니다.

변사또 – 변함없는 사랑으로 또 만납시다.

③ 성공, 행복 기원

진달래 – 진하고 달콤한 내일을 위하여!

우행시 – 우리들의 행복한 시간을 위하여!

④ 남녀동반 모임

당나귀 – 당신과 나의 귀한 만남을 위하여!

우아미 – 우아하고 아름다운 미래를 위하여!

특히 건배사는 길면 안된다. 술잔을 들고 있는데 길게 말해 봐라. '팔 떨어진다' 라는 핀잔을 받게 될 것이다. 짧으면서 강렬하게 20초에서 1분 이내로 끝내야 한다. 또한 2~3개 정도는 연습을 해 두는 것이 좋다.

건배사가 어려운 건 아니다. 술을 먹다 보니 정신이 혼미하고 어려운 감이 있겠지만 연습이 된다면 순발력 있게 나올 것이다. 농림수산부 고위 간부가 막걸리 얘기를 한 적이 있다. 막걸리로 건배 제의를 했는데 아주 훌륭한 건배 제의였단다. "왜 여태껏 우리 것, 우리 가락, 우리 술을 무시했는지 미안한 생각이 듭니다. "미안하다" 하면 "막걸리", "사랑하자"라고 하면 "막걸리"라고 해주세요 ~"

건배사는 리더가 가져야 할 중요한 스피치이다. 이런 건배사에도 리더십이 있다는 사실을 잊지 않으면 좋겠다.

제대로 말하는
리더들의 이야기

성공적인 스피치를 하기 위해선 벤치마킹이 아주 중요하다. 다양한 성공 스피커의 비결을 알게 되면 그만큼 말은 쉬워진다. 스피치를 잘하는 사람들은 분명히 자기만의 방법이 있다. 그것이 패턴 스피치이다.

예수, 버락 오바마, 힐러리 클린턴, 거스 히딩크, 김제동, 아브라함 링컨… 이들을 가리켜 우리는 리더라고 말한다. 그렇다면 이 리더들의 공통점은 무엇일까? 제대로 말을 할 줄 아는 사람들이라는 점이다. 제대로 스피치를 잘하니 인생의 성공이 플러스가 되었고 그로 인해 자신의 위치와 자리까지 바뀌었다.

쉽게 생각해 보자. 소위 말하는 '대박' 음식점에는 비법이라는 것이 있다. 그들의 맛, 서비스, 분위기 등을 보고 배울 수만 있다면 기본은 할 수 있게 된다. 스피치 역시 마찬가지다. 성공한 스피커들의 비법을 조금이라도 흉내를 내면서 스피치를 할 수 있다면, 분명 스피치를 잘한다는 평가를 받게 될 것이다. 처음엔 막연하고 어렵겠지만 이런 과정을 극복해나가면 스피치를 잘할 수 있는 방법이 되기도 한다. 이제부터 소개할 12명의 리더들의 이야기를 통해 자신의 패턴을 찾아보자. 다양한 리더의 스피치 전략과 전술은 어떤 것이 있을까?

탈무드에서 말한 가장 현명한 사람은 누군가에게 배우는 사람이다. 리더의 스피치를 배우는 순간 누구나 말을 잘하는 '말짱'이 되어 있을 것이다.

공감 스피치의 대가, 예수

2000년 넘게, 현재까지도 세계 곳곳에서 읽히는 책이 있다. 바로 성경이다. 예수는 가난한 사람, 못 배운 사람들도 알아듣기 쉽게 비유하여 설명했다. 사람들이 쉽게 접할 수 있게 편안하게, 진실 되게 말하는 것이 예수 스피치의 포인트이다. 예수는 인류 최고의 명강사이다. 그렇다면 예수의 스피치 노하우가 있을까? 예수의 스피치에는 어떤 방법들이 숨어 있을까?

진실하고 사랑을 담아 공감적으로 다가가라

예수의 스피치 특징은 '함께 가자'가 아닌 '왜 가야 하는지'를 알게 함으로써 청중을 위하고 배려하는 스피치로 다가간다. "나는 너를 진실로 사랑한다. 그래서 네가 복을 받기 원한다" 이는 상대를 진정으로 아끼는 마음이 담긴 말로 그 어떤 말보다 강하다. 또한 상대로 하여금 마음을 여는 스피치를 구사하고 편안하게 생각하고 듣게 만든다. 즉 예수는 상대방을 위하고 배려가 섞인 말로 감동을 주었다.

그리고 청중이 누구냐에 따라 때론 강하게, 때론 부드럽고 따뜻하게 다가간 스피치를 구사하였다. 권세를 누리던 바리새인과 서기관들에게는 강한 어조와 질책을 하였고 병들고 가난한 사람에게는 따뜻하고 부드러운 어조로 말했다. 그리고 꾸민 말이나 많은 말로 설득하지 않았다. 제자들에게 단 한마디로 마음을 움직이게 하였다. "나를 따라오라"라는 말이다. 이 말에는 믿음과 사랑이 들어 있다. 알기 쉬운 비유를 통해 듣는 사람이 보다 쉽게 이해하고 재미있게 들을 수 있는 스피치를 구사했다. "네가 무화과나무에 있는 것을 보았다" "너를 사람을 낚는 어부로 만들겠다." 이런 비유를 통해 사람들에게 쉽게 다가가기도 한 것이다. 그 비유는 짧지만 강렬한 느낌을 주었다. 반복적인 단어를 구사하여 쉽게 "내가 구원이다"라고 말을 자주 쓰기도 했다. 이 말은 아주 단순하게 들리지만 상대방이 세뇌 되기도 하는 단어이다. 그리고 언행일치言行一致로 한 말은 꼭 실행에 옮겨 믿음을 주었다. 이런 예수님의 스피치 기법은 크게 4가지로 볼 수 있다.

- 상대방을 위한 배려 스피치
- 청중에 맞는 스피치
- 단순 명확한 스피치
- 반복 스피치

설득의 방법을 제대로 아는 소크라테스와 아리스토텔레스

소크라테스는 플라톤, 아리스토텔레스와 함께 고대 그리스 철학의 전성기를 이룬 인물이다. 그 중에서도 소크라테스는 남을 가르치는 일과 대중 앞에 나서서 철학적 토론을 하는 것을 즐겼다. 남루한 옷차림서으로 광장을 거닐면서 많은 사람들과 대화를 통해 삶의 가르침을 제시했다. 고대 그리스인의 스피치는 기본적인 덕망을 갖춰야 한다. 우선 많이 보고, 듣고, 말해보는 경험이 중요하며 일상적인 대화로 하는 스피치 훈련 방법을 행하였는데 소크라테스는 그런 점에서 최고의 자질을 가졌다. 그의 강의를 들으려고 다양한 계층의 제자들이 몰려들었고 그의 가르침엔 대가가 없었다. 소크라테스 스피치의 핵심은 무엇인가?

소크라테스는 사람들이 생각을 할 수 있도록 매번 질문을 던지는 것에 큰 의미를 두었다고 한다. 일반적으로 제자들이 던진 질문에 답을 주는 형태로 진행을 했지만 소크라테스는 남들과 다르게 거꾸로 질문을 던지기도 했다.

"정의는 무엇인가?"
"경건하고 불경한 것이 어떤 의미인가?"
"우정을 어떻게 볼 것인가?"
"사람을 행복하게 하는 것이 무엇인가?"
"용기란 무엇인가?

이와 같은 다양한 질문을 상대방에게 던지고 그 과정을 통해 답을 찾아 나아가는 스피치를 유도하였는데, 이를 '소크라테스의 문답법'이라고 한다. 이런 문답은 주로 생활 속에 얻어지는 것을 다루었고 실천에 관한 것들이었다. 그리고 이 문답의 전제는 '아직도 그것을 모른다' 라는 무지의 인정을 통해 서로간의 상호 작용을 한다.

고대 그리스의 철학자이자 과학자인 아리스토텔레스는 플라톤과 함께 그리스 최고의 사상가로 꼽히는 인물로 서양지성사의 방향과 내용에 매우 큰 영향을 끼친 인물이다. 고대 그리스에서도 설득하고 소통을 아주 중요시 여겼는데 다음 3가지를 알고 지키는 순간 말은 쉬워진다고 했다. 이 원칙은 스피치와 프레젠테이션 그리고 설득과 협상 등 다양한 분야에서 아직까지도 사용하고 있다.

첫째. 로고스Logos, 이성적, 논리적이어야 한다.
둘째. 파토스Pathos, 감성적이어야 한다.
셋째, 에토스Ethos. 인격적, 진정성이 담겨 있어야 한다.

현재도 다양한 스피치 현장에서 3가지가 아주 중요시 되고 있다. 고대 그리스에서도 스피치는 그냥 하는 것이 아니었다. 때론 이성적이고 논리적으로 접근해야 하고 때론 감성적이어야 했다. 이성적이고, 논리적이면서, 사람들을 존중하며 감동시키는 것이 고대부터 현재까지 사람들의 마음을 얻는 핵심이다.

버락 오바마의 감동 스피치

월간 '리더피아' 에서 '말하는 능력에서 가장 닮고 싶은 인물' 을 선정

했는데 정치 분야에서는 오바마 미국 대통령이 뽑혔다. 오바마는 분명 남들과 다른 스피치를 구사한다. 그 사실을 부정하는 사람은 없을 것이다.

2012년 미국 대선에서 재임에 성공한 오바마. 인종차별이 심한 미국에서 흑인이 2번씩이나 대통령이 되는 것은 기적과도 같은 일이다. 남다른 비결이 있을까? 그것은 청중의 가슴을 울리는 연설의 테크닉이 있기에 가능했다. 버락 오바마의 스피치는 미국 사회에 꿈과 희망을 나눠줬던 마틴 루터 킹 목사와 이미지 스피치의 달인인 존 F. 케네디 전 대통령을 합쳐 놓은 것과 같다는 평가를 받는다.

— "여러분이 여기에 온 것은 이 나라가 더 나아질 수 있다고 믿기 때문입니다. 전쟁에 직면해서는 평화가 올 수 있다고 믿습니다. 절망에 직면해서는 희망이 올 수 있다고 믿습니다. 여러분을 소외시켰던 정치, 지금에 만족하라고 했던 정치, 우리를 너무 오래도록 분열시킨 정치에 직면해서는 우리는 하나가 될 수 없습니다. 우리는 가능성을 향해 함께 나아가는 완전한 단결체가 될 수 있습니다. 그래서 우리는 오늘 여기까지 온 것입니다."

2007년 대통령 출마 선언문의 한 구절이다. 오바마는 청중을 감성으로 사로잡기 위해 희망과 행복의 메시지를 얘기했다. 이것은 청중들에게 잔잔한 여운을 남겼다. 대부분 정치인들은 1인칭 주어를 써서 말을 하지만 오바마는 '나'라는 말을 '우리'로 바꾸어 사용한다. 이건 서로 간의 동질감과 소속감을 일으키는 높은 수준의 설득 스피치이다.

또한 오바마는 반복적인 단어를 사용하면서 청중들에게 자신이 하고자 하는 정치를 쉽게 설명하였다. 그리고 그 시대에 맞는 이야기로 슬로건을 정했다. 과거 부시 정권에서는 전쟁으로 국민들이 힘들어 하였고 경제의 어려움으로 힘든 나날들을 보냈고 911 테러로 인해 정서적으로 힘들었다. 이런 상황을 정확하게 짚은 오바마는 '변화'Change와 '우리는 할 수 있다'Yes, We Can라는 슬로건으로 미국 대통령이 되었다.

그는 분명 청중이 듣고 싶은 말을 아주 정확하고 훌륭하게 한 것이다. 그리고 4년 뒤 오바마는 "워크"(work · 일), "컨츄리"(country · 국가) "포워드"(forward · 앞으로)" "퓨처(future · 미래)" "호프"(hope · 희망 혹은 기대)라는 단어들을 슬로건으로 선택했다.

단어를 보면 알 수 있듯이, 오바마는 현재 상황에 맞는 주제를 선택하고, 그것들을 반복적으로 적절하게 사용하면서, 청중들이 마음속으로 느끼고 갈망하는 시대를 그려 주었다.

하고 싶은 말은 누구나 할 수 있다. 하지만 청중이 듣고 싶은 말을 한다는 건 쉽지가 않다. 버락 오바마가 미국 대통령의 당선 연설에서 말했다. "The best is yet to come(최고의 순간은 아직 오지 않았다)" 그의 말 속에 오바마 스피치의 모든 것이 있다.

힐러리의 자신감 스피치

— 미국 클린턴 대통령 부부가 차를 타고 가다가 기름이 떨어져 주유소에 들렸다. 그런데 우연히 주유소 사장이 힐러리 옛 남자친구였다. 돌아오는 길에 클린턴이 물었다. "만약 당신이 저 남자와 결혼했다면 당신은 지금 주유소 사장 부인이 돼 있겠지?"라고. 그 말을 들은 힐러리는 바로 맞받아치며 "아니, 저 남자가 미국 대통령이 되어 있을 거야"라고 답했다.

이 이야기는 힐러리의 이야기다. 이 대화 속에서도 엿볼 수 있듯이 힐러리의 스피치에는 자신감이 가득하다. 빌 클린턴과 르윈스키의 추문으로 인해 빌 클린턴의 정치생명이 위태로울 때도 힐러리는 아주 당당하게 자신의 입장을 대중에게 표현했다.

"결혼에 대한 믿음을 잃지 않고 있었습니다. 그러나 결혼을 유지해야 하는지에 대한 의문이 든 게 사실이고, 클린턴에게 매우 화가 나 있었습니다. 그러나 빌처럼 나를 웃게 만들고 이해하는 사람은 이제껏 없었습니다. 그 오랜 세월이 지났어도 그는 내가 만나본 사람 중 가장 흥미롭고 정렬적이며 활발한 사람입니다."

그녀의 스피치로 위기에 빠진 빌 클린턴의 지지도가 71%까지 다시 상승하며 위기를 대처할 수 있었다. 대중들은 그녀의 당당하고 자신감 있는 스피치를 긍정적으로 평가했다. 미국의 전 국무장관인 힐러리 클린턴은 빌 클린턴의 전 대통령의 부인으로 미국 정치에 한 획을 그은 여성이다. 뉴욕 주 상원의원을 지냈으며 민주당 대통령 후보를 놓고 오바마와 각축을 벌였다. 그녀는 현재 여성 특유의 감각과 당당한 카리스마로 미국의 위상을 한층 높이고 있다.

2012년 '더 타임스' 는 그녀를 '세계에서 가장 영향력 있는 여성' 에, '포브스' 는 가장 영향력 있는 2위에 지명하기도 했다. '뉴욕타임스' 는 힐리리에게 "기존 국무장관이 해 왔던 틀에 박힌 외교를 깨고 정해진 대본을 집어 던지면서 외교의 정의를 다시 정립했다"라고 평가했다.

힐러리의 성공은 그녀 특유의 자신감과 자신의 노력으로 이루어 낸 결과물이다. 힐러리처럼 인생을 살고 싶다면 힐러리처럼 스피치를 구사해야 한다. 힐러리는 이렇게 말한다. "예기치 못한 일이 우리 앞에 닥쳤을 때 대처할 수 있는 유일한 보험은 무슨 일이든지 할 수 있는 한 철저하게 준비해 놓는 것이다."

인생의 자신감이 없고 그만큼 노력을 안 하면 쉽게 정상의 위치에 가지 못했을 것이다. 지금도 그녀는 달리고 있다. 그리고 그래서 그녀의 앞으로의 행보가 더욱 궁금해지기도 한다.

짧지만 강하고, 절제되면서도 진실한 링컨 스피치

명스피커로 알려진 오바마에게 가장 큰 영향을 준 것은 바로 링컨의 스피치였다. 미국에서 가장 존경하는 대통령으로 손꼽히는 링컨 대통령. 도대체 링컨의 스피치는 무엇이 다를까? 그의 스피치는 짧지만 강하다. 게티즈버그 연설은 100여 년 전에 연설임에도 불구하고 아직도 많은 사람들에게 회자되는 명연설이다. 이 연설이 오랜 시간 많은 사람들에게 각인될 수 있었던 것은 청중들을 고려해 스피치의 길이를 절제하였고 진실한 말 한마디로 청중들에게 더욱 깊이 다가간 훌륭한 스피치이기 때문이다.

— 게티즈버그 연설 중

지금으로부터 87년 전 우리의 선조들은 이 대륙에서 자유 속에 잉태되고, 만인은 모두 평등하게 창조되었다는 명제에 봉헌된 한 새로운 나라를 탄생시켰습니다. 우리는 지금 거대한 내전에 휩싸여 있고 우리 선조들이 세운 나라가, 아니 그렇게 잉태되고 그렇게 봉헌된 어떤 나라가, 과연 이 지상에 오랫동안 존재할 수 있는지 없는지를 시험 받고 있습니다.

(중략)

우리는 그 명예롭고 죽어간 이들로부터 더 큰 헌신의 힘을 얻어 그들이 마지막 신명을 다 바쳐 지키고자 한 대의에 우리 자신을 봉헌하고, 그들이 헛되이 죽어가지 않았다는 것을 굳게 굳게 다짐합니다. 신의 가호 아래 이 나라는 새로운 자유의 탄생을 보게 될 것이며, 국민의, 국민에 의한, 국민을 위한 정부는 이 지상에서 결코 사라지지 않을 것입니다.

이 연설로 미국의 역사는 달라졌다. 이 연설은 미국인들에게 삶의 긍정적 의미를 부여하였고 나아갈 방향성, 정체성까지 확립해 주었다. '링컨은 곧 미국이요, 미국은 곧 링컨'이라는 할 정도로 미국인들의 링컨 사랑은 대단하다. 링컨은 지폐에서도 나오고 차에서도 나오고, 길 이름, 심지어 건물, 마을, 도시 이름에도 들어 있다.

이런 링컨의 성공은 자신을 위한 스피치를 구사한 게 아니라 타인을 위한 스피치를 구사함으로써 청중에게 감동을 준 것이다. 말이 길다고 성공하는 것은 아니라고 했다. 게티즈버그 연설은 단 250여 개 단어로 구성되었다. 이 연설은 2분 내외의 연설로 사람들의 마음을 얻을 수 있음을 알려주는 좋은 예다. 이는 21세기가 바라는 스피치의 모든 것이 담겨 있다고 해도 과언이 아닐 것이다.

자신감 있는 말로 동기부여를 심어준 히딩크 감독

"대한민국 짝짝짝 짝짝... 대한민국 짝짝짝 짝짝" 아직도 우리 귓가에

맴도는 소리. 대한민국 국민이라면 누구나 그 순간을 잊을 수 없을 것이다. 2002년 우리를 열광의 도가니로 만든 것은 무엇이었을까? 그것은 단순히 축구만의 힘이 아니었다. 선수들의 능력을 십분 발휘하게 만들어 국민들을 하나로 만들어 준 '거스 히딩크'라는 명감독 덕분이기도 하다. 히딩크 감독은 말했다.

"강팀과 싸워야 강팀이 될 수 있다."

다른 감독들은 선수들의 사기 증진을 시키기 위해 약팀과 경쟁을 벌였지만 거스 히딩크는 강팀과 싸워야 강팀을 이길 수 있다는 말을 하면서 평가전을 했다. 하지만 결과는 덴마크 전 0 : 2 패, 프랑스 전 0 : 5 대패, 체코 전 0 : 5 대패로 이어졌다. 모두들 거스 히딩크를 비난했다. '오대영'이라면 불명예스러운 별명도 얻게 되었다. 하지만 거스 히딩크는 선수들에게 이렇게 말했다.

"창피하지 않다. 좋은 경험이었다."

"한국 축구는 분명히 나아졌다."

"오늘의 패배는 미래의 좋은 결과로 이어질 것이다."

"비록 졌지만 너희들의 투지는 정말 훌륭하다."

이런 말로 선수들에게는 힘을 주고 미래에 할 수 있다는 꿈과 희망을 심어 주었다. 그 결과 2002년 최종 평가전에서 핀란드 2 : 0 승, 4월 코스타리카 2 : 0 승, 5월 스코틀랜드 4 : 1 승으로 선수들이 할 수 있다는 가능성을 보여 주었고, 2002년 4강 신화의 구심점이 되었다.

"강팀에게 열등감을 가져선 안된다."

"언제나 이긴다는 자신감으로 나서야 한다."

"월드컵 때 세계를 깜짝 놀라게 할 것이다. "

다른 예로 16강 이탈리아전에서 안정환 선수가 패널티킥을 실축했을 때, 다들 안정환 선수를 빼라고 난리였다고 한다. 하지만 거스 히딩크 감독은 "골을 넣을 수 있는 사람을 빼면 안된다"라고 안정환 선수에게 힘을 실어 주었다. 그 결과 안정환 선수는 연장전 결승골을 뽑아 히딩크 감독에게 보답하기도 했다. 믿음의 말 한마디가 안정환 선수에게 자신감을 심어 주었을 것이다. 16강전에 진출하고서도 거스 히딩크 감독은 "나는 여전히 배고프다"라는 말로 선수들에게 할 수 있다는 자신감을 보여 주기도 했다.

축구에서의 명장은 그냥 되는 게 아니다. 명장이 가져야 할 가장 중요한 요소가 바로 자신감이다. 그 자신감을 말로 보여준 히딩크는 다양한 책에서 뿐만 아니라, 유수의 기업에서 히딩크 리더십을 분석하여 기업에까지 전파했다.

"강팀과 싸워야 강팀이 될 수 있다"라는 생각을 가진 히딩크의 자신감이 그를 우리의 영웅으로 만들었고, 현재까지 전 세계인들이 탐내는 스카우트 대상 1호 감독으로 만들지 않았을까 한다.

3분 스피치로 선수들을 키운 연세대 축구팀 신재흠 감독

축구 선수들에게 물어보면 다들 무엇이 중요하다고 할까? 축구를 잘할 수 체력, 기술… 축구는 혼자 하는 운동이 아니다. 아무리 능력이 우수한 선수가 한 명 있어도 다 같이 협동심을 발휘하지 못한다면 승리는 어렵다.

대학 최고의 명장으로 손꼽히는 연세대 신재흠 축구 감독은 최고의 선수를 꼽는 기준이 남다르다. 선수들에게 항상 "기술보다 인성이 중요하다"고 강조한다. 인성이 제대로 돼야 최고의 선수가 될 수 있다고 전한다. 아무리 기술이 좋아도 인성이 안되면 타인에게 해를 입히고 분위기까지 망칠 수 있다는 것이다. 그가 꼽는 최고의 기술은 소통이다.

2005년 모교인 연세대에서 지도자 생활을 하면서부터 도입한 것이 있다. 그것은 바로 '3분 스피치' 이다. 다들 "축구 선수들에게 3분 스피치가 왜 필요하냐?"라고 반문을 했다. 신재흠 축구 감독의 생각은 달랐다. 이는 선수들에게 생각하는 능력 뿐만 아니라, 남들과 소통하는 능력을 키워주자는 의도였다. 처음 선수들은 3분 스피치를 30분과도 같다는 듯이 어색해 했다. 하지만 서서히 스피치에 익숙해지면서 생각을 정리하는 힘이 늘어나고 자신감이 생기면서 자신의 생각을 당당하게 표현하기 시작했다. 이 같은 스피치를 통해 선수들은 자칫 서로를 오해할 수 있는 부분들을 이해하며 공감하기 시작했다.

운동 선수들은 대부분 말보다 실력이 중요하다고 생각한다. 하지만 축구는 혼자의 실력으로 되는 것은 분명 아니다. 운동 선수에게 "스피치가 뭐가 필요하겠느냐?"라는 물어보겠지만 선수 역시 사람일 뿐이다.

일상생활 속에서 잘 훈련된 선수가 축구도 잘한다는 것이 신 감독의 생각이었다. 결국 스피치를 통해 선수들이 일상생활에 잘 적응하게 되었고 그로 인해 그라운드에서도 서로 이해와 소통이 되면서 경기력까지 향상되었다. 스피치 역시 생활이다. 생활 속에 아주 밀접하면서 서로 이해와 공감을 이루기 위해선 스피치가 꼭 필요하다는데 의미를 두었을 거라 본다.

프레젠테이션의 스타 김연아

2018년 평창올림픽 유치 성공은 대한민국 국민에게 큰 감동과 기쁨을 주었다. '올림픽 유치'라는 큰 프로젝트 성사 뒤에는 영어 프레젠테이션을 빛나게 한 두 명의 여성이 있었다. 바로 피겨의 여왕 김연아 선수와 나승연 대변인이다. 여기에서 특히 김연아 선수의 이야기가 빠질 수 없다. 김연아 선수의 프레젠테이션은 말하기, 표현력, 호소력까지 겸비한 아주 훌륭한 프레젠테이션이었다.

어쩌면 어린 김연아 선수에겐 분명히 힘들고 어려운 자리였을 것이다. 김연아 선수는 "긴장이 최대의 적"이라고 했다. 그도 그럴 것이 올림픽 유치라는 위압감과 전 세계인의 이목이 집중되는 자리에서의 프레젠테이션은 쉽지 않았을 것이다. 이것을 해결한 방법이 2가지가 있는데 하난 긍정의 힘이고 하난 연습의 힘이다. 그녀는 "출국 전에 2주 정도 연습을 한 덕분에 긴장은 되지 않았다"라고 했다. "긴장만 하지 않으면 잘할 수 있을 것이다"라면서 자신에게 긍정의 주문을 걸었다고도 했다.

그녀는 전문적인 프레젠터가 아니다. 하지만 누구보다도 감동적인 프레젠테이션을 보여준 김연아 선수는 자기 나이에 맞게 친근한 어법과 미소로 그녀의 매력을 프레젠테이션 내내 발산했다. 그리고 '젊은 한국 선수들의 꿈과 drive the dream 프로그램 소개'라는 주제로 김연아 선수만이 말할 수 있는 경험을 통해 청중들의 공감을 이끌어 냈다. 독일 피겨 스케이팅의 살아 있는 여신으로 불리는 카타리나 비트도 인정한 프레젠테이션이었다. 한 자리에서 서로 경쟁을 벌였지만 김연아 선수의 프레젠테이션 실력에 놀랐다고 했다.

김연아 선수의 프레젠테이션 능력이 평창 동계올림픽에 큰 기여를 한 건 사실이다. 그만큼 요즘은 프레젠테이션이 중요한 능력이다. 김연아에게 배울 수 있는 프레젠테이션 기술은 무엇이 있을까?

첫째, 연관성 있고 재미있는 주제를 준비해야 한다. 스피치를 하는 자신도 부담이 안되면서 청중들도 부담이 안되는 주제를 선택하는 것이 중요하다.

둘째, 바로 본론으로 들어가지 않고 분위기 전환 멘트를 준비하는 것이다.

아무리 준비가 잘되어 있다 해도 청중들이 들을 준비가 되어 있지 않다면 소용이 없다. 그렇기 때문에 적절한 분위기 전환 멘트로 이야기를 이끌어 가는 것이 좋다. 김연아 선수처럼 본인의 이야기에 맞는 익숙한 예시 등을 이용하면 청중들의 흥미와 재미 그리고 관심을 유발하기에 적절하다. 단 청중의 흥미도 중요하지만 본론과 연관성이 있으면서 자연스레 결론으로 도달하는 주제여야 한다.

세 번째 의상이나 자세와 같은 디테일한 부분을 신경 써야 한다.

프레젠테이션은 종합 예술이다. 프레젠터가 말하는 내용도 중요하지만 시각적 관점도 무시할 수 없다. 그러기 위해선 청중에게 신뢰감을 주는 의상이나 자세를 프로답게 하는 것이 중요하다. 김연아 선수의 밝은 이미지에 검은색 정장이 지적이면서 신뢰감까지 주는 역할까지 하였다.

네 번째 활기차고 열정적이면서 진정성이 있게 해야 한다.

프레젠터가 어떻게 말하느냐에 따라 청중이 따라가기 마련이다. 열정적으로 말하면 열정적으로 듣고 진정성 있게 말하면 진정성 있게 듣는다. 결국 프레젠테이션은 자신에게 맞는 주제로 자신감 있게 보여줘야 한다. 그리고 그건 긍정과 연습에서 출발한다.

스피치 멘토에게 배운 명MC 김제동

대한민국에서 말 잘하기로 소문난 김제동은 태어날 때부터 말을 잘했을까? 당연히 아니다. 김제동에게도 방우정이란 스승이 있었다. 방우정은 유머와 이벤트 M C로 아직도 대구에서 왕성한 활동을 하는 M C란다.

한 프로그램에 출연한 김제동은 "야구장 장내 아나운서, 유명 놀이 공원, 대학 축제 진행을 맡은 레크레이션계의 트리플 크라운이 되는 것이 꿈이었다"라고 했다. 이 목표를 달성하기 위해서는 특유의 스피치 능력이 있어야 한다. 그러나 그에겐 구체적인 목표가 있었고 스승이 있었다. 아마 이 두 가지 요소가 김제동을 스피치의 달인으로 만들어 준 원동력이 되어 주었을 것이다. 꿈을 이루기 위해선 분명 노력과 인내가 필요하다. 김제동은 이렇게 말했다. "나를 이끌어 줬던 방우정 선생님 덕분에 꿈을 이뤘다"며 고마운 마음을 전했는데 그만큼 인생의 꿈을 이루기 위해선 멘토가 있으면 쉽게 나아갈 수 있다. 그리고 인생 목표를 구체화시키는 과정이 중요하다. 사람들은 대부분 인생의 목표를 성공이라 말할 것이다. 하지만 김제동은 달랐다. 본인 스스로 말을 잘하기 위해 3가지의 큰 목표를 세워 이루기 위해 부단히 노력했다는 점은 우리도 배워야 할 점이다. 스피치를 잘하기 위해선 자신이 어떻게 무엇을 해야 하는지 연구가 분명히 필요하다. 이런 점에서 김제동은 남들과 달랐던 것 같다. 우리도 목표를 세우고 스피치 실력을 키운다면 어느 자리에서도 '말 좀 하네' 라는 얘기도 들을 수 있을 것이다.

산을 혼자 올라간다고 생각해 봐라. 생각만으로 지친다. 그러나 그 산을 잘 아는 사람과 같이 산을 간다면 어렵지 않게 산을 올라갈 것이다. 스피치를 잘할 수 있는 방법은 물론 다양하다. 그 방법이 책과 TV에 있을 수도 있다. 하지만 때론 스피치 멘토를 정해서 공부한다면 큰 도움이 될 거라 생각된다.

이케가미 아키라가 말하는 자신감 넘치는 목소리 만들기

일본 NHK에 30년 베테랑의 유명한 기자가 있다. 그 기자의 이름은 '이케가미 아키라' 라고 하는데 우리나라로 생각하면 손석희 정도로 비유될 수 있을 것이다. 이케가미 아키라가 말하는 스피치의 노하우는 무엇일까? 그는 한치의 망설임 없이 자신감이라고 한다. 특히 자신감을 보여줄 때 가장 중요한 것이 목소리라고 강조한다.

기자는 말을 많이 하는 직업이다. 기자, 아나운서라는 직업을 오래하다 보면 발음과 발성이 중요한데 그는 그 중에서 발성을 중요하다고 말한다. 잘 울리는 목소리는 상대방이 쉽게 알아들을 수 있는 부분을 차지한다. 이런 목소리는 타고나는 수도 있지만 꾸준한 연습을 통해 자신감 넘치는 목소리 만들 수 있다고 한다. 이케가미 아키라가 말하는 자신감 넘치는 목소리 만들기 비법은 무엇일까?

그 첫 번째 비결은 '복식 호흡'이다.

복식 호흡 즉 배로 하는 호흡이다. 직장인들이 시간을 내어 연습한다는 건 그리 쉽지가 않다. 그래서 생활 속에 손쉽게 연습하는 습관을 가질 필요가 있다. 예를 들어 출근 시 전철이나 버스 안에서 자리에 앉아 5분 동안 심호흡을 반복하는 연습을 해봤다고 한다. 배에 힘을 넣어 소리를 내는 연습을 하루에 몇 번이든 반복을 하니 마이크 없이도 멀리 있는 사람에게 자신의 목소리를 전달할 수 있는 능력이 생겼다고 한다.

'저렇게 멀리까지 목소리가 들리다니!' 라고 스스로 느껴봐라. 얼마나 자신감 넘치는 스피치를 할 수 있겠는가. 무엇보다 복식 호흡으로 말하면 목에 피로감까지 줄어든다는 놀라운 사실을 깨달았다고 한다.

그만큼 생활 속에 연습은 아주 중요하다. 전철, 버스 안에서 하는 짬짬이 훈련은 누구나 할 수 있고 그걸 습관으로 만들면 큰 성과를 얻게 된다. 연습은 앉아서도, 서서도 가능하다. 이케가미 아키라의 훈련법을 보면,

- 의자 깊숙이 앉아 등을 쭉 펴고 숨을 가득 들이마신다.
- 배에 힘을 넣어, 천천히 숨을 뱉어낸다.
- 이것을 몇 번이든 반복한 후 숨을 뱉으면서 크게 '아' 하고 목소리를 내 본다. 이때 목에 힘을 넣지 말고 배에서 목소리를 낸다고 생각해 보라.
- '아' 라고 길게 늘여서 소리를 낸다. 되도록 낮은 소리를 내도록, 또는 몸이 공명을 일으키도록 한다. 이런 식으로 꾸준히 연습하면 몸 전체가 공명하고 있는 느낌이 날 것이다. 몸 전체가 마치 악기처럼 진동하듯 울릴 때까지 반복해 봐라.

이것이 이케가미 아키라가 말하는 복식 호흡 발성법이다. 복식 호흡을 익히면 자연히 목소리가 저음이 되어 침착하게 말할 수 있게 된다. 그러면 자신감 넘치는 말소리가 되고 설득력도 늘어난다. 이러한 목소리는 프레젠테이션에서 유리한 입장에 서게 해 준다.

부정을 긍정으로 만든 유럽의 영웅 나폴레옹

"나의 사전에 불가능이란 단어는 없다"

나폴레옹 보나파르트_{Napoleon Bonapart}(1769~1821)가 남긴 말이다. 1789
년 프랑스 대혁명으로 태풍같이 나타나 15년 만에 유럽 역사를 바꾼
대단한 인물이 바로 나폴레옹이다. 나폴레옹은 그 시대의 교주였다고
한다. 그만큼 부하들을 다루는데 천부적인 재주를 지녔는데 그 병사들
은 지옥에 가라면 즉시 따를 준비가 돼있을 정도로 나폴레옹의 카리스
마는 대단했다. 나폴레옹의 이런 능력은 어디서 나온 것일까? 혹자는
스피치로 상대를 내 편으로 만들었다고 생각한다.

나폴레옹의 일화를 봐도 우리는 말 한마디가 얼마나 중요한지 알 수
있다.

— 나폴레옹이 전쟁에서 패전 위기에 다가왔다. 부하들이 어차피 질테니
항복을 해서 목숨을 구하자고 애걸했다. 나폴레옹은 그래 좋다. 항복하
자. 있는 총탄 다 쓰고 항복하자. 그 말을 들은 부하들은 죽기 살기로 싸
웠다. 근데 신기하게 상대편에서 먼저 항복을 했다고 한다.

나폴레옹의 말 한마디를 어떻게 하느냐에 따라 군대의 사기는 달라
졌다. 또 다른 일화도 있다.

— 키가 작은 나폴레옹이 산 정상에 올라갔을 때 키가 아주 큰 적군이 앞을 막으면서 서 있었다.

그때 그 적은 나폴레옹을 비꼬며 "그 작은 키로 무슨 일을 할 수 있을 것 같냐?"며 너는 나를 꺾지 못할 거라고 말했다고 한다. 그때 나폴레옹은 "비록 땅에서부터 재는 나의 키는 너보다 작지만 신이 하늘에서부터 재는 나의 키는 너보다 훨씬 크다. 내가 너보다 키는 작을지 언정 너를 꺾고자 하는 나의 맘은 누구보다 더 크다" 라고 말했다.

이처럼 나폴레옹은 말 한마디에도 에너지가 넘친 것 같다. 사람들은 부정의 말을 달고 산다. "안된다. 어렵다. 힘들다" 하지만 나폴레옹은 부정을 긍정으로 바꿀 수 있는 대단한 능력을 가졌다. 이런 능력은 리더가 갖춰야 할 가장 중요한 부분이기도 하다. 나폴레옹은 이 밖에도 많은 말 한마디로 우리에게 감동을 선사했다.

펜은 칼보다 강하다.

성격의 씨앗을 뿌리면, 운명의 열매가 열린다.

승리는 노력과 사랑에 의해서만 얻어진다.

승리는 가장 끈기 있게 노력하는 사람에게 간다.

승리를 원한다면, 모든 것을 걸어야 한다.

1퍼센트의 가능성, 그것이 나의 길이다.

　나폴레옹이 전쟁을 승리한 이유는 말 한마디가 큰 영향을 주었을 것이다. 나폴레옹의 업적은 베토벤의 영웅 교향곡을 만들기까지 대단한 용맹을 유럽 전역에 보여주었다. 누구도 그 사실을 부정하지는 않을 것이다.

이미지 스피치의 달인 히틀러

히틀러는 2차 세계대전으로 일약 악마로 떠오르는 인물이다. 그러나 히틀러는 스피치의 교본이다. 절대적 카리스마로 수많은 군중들의 마음을 얻어 강력한 리더가 될 수 있었던 키워드가 바로 스피치 능력이었다. 히틀러의 스피치는 독일 '구원의 복음소리'로 받아들일 정도로 카리스마 넘치는 스피치를 구사했다. 히틀러는 군중들이 듣고 싶어하는 말을 아주 예리하게 짚어내 말했다. 특별한 지식 없이도 청중들이 이해할 수 있는 어휘들을 선택해 스피치 함으로써 청중들에게 지성보다는 감성에 호소하기도 했다. 때론 목소리에 힘을 실어 아주 강렬하게 대중에게 전달했다. 이런 히틀러 스피치는 대중적이며, 설득력이 강한 선동적인 특성의 스피치이다.

　특히 히틀러는 대중들을 설득시키기 위해 '나치 전당 대회'를 통해 대중 선동 스피치를 구사하기도 했다. 해질 무렵 수많은 군중들이 운집한 가운데 군악대의 장엄한 북소리, 붉은색, 검은색이 아우러진 대형 깃발과 일제히 쏟아지는 환한 조명 속에 바덴바일 행진곡에 맞춰 뒤에서 입장하는 히틀러. 이런 연출 분위기로 청중들을 최면 현상까지 빠지게 했다.

"우리는 새로운 사상이 독일 전역에서 대대적으로 일어나 점차적으로 전체 독일 민족이 이 사상에 완전히 동조할 때까지 투쟁할 것입니다. 우리는 우리 민족 소생의 이 깃발을 무너뜨릴 수 있다고 믿는 그 어느 누구하고도 용감하게 대항해서 단호하게 지켜 나갈 것입니다." 그는 군중의 마음을 자극하여 청중들을 설득했다.

히틀러의 스피치에서 우리가 주목해야 할 기법은 첫째 탁월한 연출 기법, 둘째 청중 중심의 스피치, 셋째 반복 기법, 넷째 뛰어난 스토리텔링, 마지막으로 원고를 요약해 둔 개요서를 활용하여 스피치를 구사하였다는 것이다. 현재 상황을 정확히 파악하여 청중들이 원하는 현실성 있는 '약속'을 제안하여 쉽게 청중들에게 독일의 구세주로 나서게 된 인물이다. 그리고 언어적 표현이 실로 통쾌한 맛까지 주기도 한다. "우리는 기생충을 잡는 신의 사도다" "처칠이 잽을 날린다면, 난 어퍼컷을 날리겠다" 등으로 사람들에게 자신감과 강렬한 인상을 남겼다. 유대인이라는 가상의 적을 설정해 지지세력까지 결속시키는 치밀한 방법을 구사하였다.

그는 철저한 자기 최면과 이미지 연출 기법으로 독일 민족에게 구세

주로 추앙 받으며 세계 2차 대전을 일으켰다. 그는 어떻게 하면 자신의 스피치 이미지를 극대화를 시킬지를 정확하게 알고 체계적인 방법으로 자신만의 스피치를 완성하였다. 자신의 카리스마를 극대화함으로써 때론 신비하게 때론 환상적으로 청중들에게 다가갔다. 이런 이미지 연출은 때론 우리 현실에도 필요할 것이다.

절대 포기하지 마라!

당신의 운명이 결정되는 것은 결심하는 그 순간이다. _ 안소니 로빈스

누군가에게 존경을 받고 싶은가? 사람의 마음을 쥐락펴락하는 사람이 되고 싶은가? 이 물음들의 답은 의외로 간단하다. 자신이 존경 받고 싶다면, 상대방의 마음을 먼저 봐야 한다. 싸움의 기술을 알려준다는 손자병법은 실제로 알고 보면 '상대방에 대한 존중'을 알려 주는 책이다. 스피치의 기술 역시 비슷하다. 말을 잘하고 싶다면, 청중들의 소리에 귀 기울여야 한다. 또한 자신을 먼저 감동시킬 수 있는 자신만의 스타일을 찾는 것이 중요하다. 그것이 바로 제대로 말할 수 있는 기술 '패턴 스피치'이다.

자신의 패턴을 찾은 스피커는 어느 자리에서나 당당해질 수 있다. 그러나 패턴은 특별한 사람들의 전유물이 아니다. 누구나 한 가지씩의 재능은 있다. 그 재능을 잘 살려 자신의 패턴으로 만들 수 있다면, 당신은 이미 명스피커다.

말 한마디를 어떻게 하느냐에 따라 그 조직의 분위기, 혹은 그 조직의 존폐가 결정되기도 한다. 그리스의 철학자 아리스토텔레스는 그의 저서 〈정치학〉에서 언어를 사용하는 것은 오직 인간뿐이라고 했다. 본능에 충실한 동물과는 달리 인간이 쓰는 언어는 과학적이고 체계적이다. 이런 스피치는 상대방과 소통할 수 있는 수단이다. 결국 사람을 만날 땐 스피치로 모든 게 이루어진다는 말이 된다. 이것을 우리는 스피치 리더십이라고도 한다. 이런 스피치는 곧 '리더십'의 본질이다. 리더가 가져야 할 스피치 리더십은 다양한 곳에서 적용되고, 조직을 빛나게 만들 것이다.

스피치는 자기계발이다. 시간을 내고 집중, 반복, 접촉, 점검을 통해 자신을 충분히 변화를 줄 수 있고 자신이 원하는 목적에 달성할 수 있다.

〈아웃라이어〉라는 책을 보면 '1만 시간의 법칙'이라는 것이 나온다. 성공을 하려면 1만 시간이 필요하다는 것이다.

전설의 가수 비틀즈나 세계 최고의 갑부 빌 게이츠 같은 인재들도 1만 시간의 연습을 통해 성공을 일궈냈다. 음악의 천재인 모차르트, 토머스 에디슨도 마찬가지이다. 열심히 연습을 한다면 누구나 명스피커가 되어 있을 것이다. 그러니 절대 포기하지 마라! 포기하지 않는다면 당신은 곧 제대로 말할 수 있다.

설득 당하지 않고 이기는 대화
제대로 말하라

초판 1쇄 인쇄 2013년 9월 5일
초판 1쇄 발행 2013년 9월 10일
지은이 • 이성호
펴낸이 • 안정운
펴낸 곳 • 지식인하우스
출판등록 • 2011년 3월 31일 제 2011-000058호
주소 • 121-230 서울시 마포구 망원동 471-25 동주빌딩 401호
전화 • 02)6082-1070   팩스 • 02)6082-1035
전자우편 • jsinbook@naver.com
블로그 • blog.naver.com/jsinbook

ISBN 978-89-968037-6-8 13320
값 13,000원
ⓒ 이성호, 2013

사람과 지식을 연결하는 지식인하우스 는
살맛 나는 사람들의 이야기를 맛깔스럽게 담아 나가겠습니다.
＊ 지식인하우스는 독자 여러분의 원고를 기다리고 있습니다.
   망설이지 마시고, 지식인하우스의 문을 두드려 주시기 바랍니다.